Kostenlose Online-Spiele Entdecken

Hier Erhältlich:

BestActivityBooks.com/FREEGAMES

5 TIPPS FÜR DEN ANFANG!

1) LÖSUNG DER RÄTSEL

Die Puzzles haben ein klassisches Format :

- Die Wörter sind ohne Abstand, Bindetrich usw… versteckt
- Richtung : vor-& rückwärts, auf & ab oder in der Diagonale (beider Richtungen)
- Die Wörter können übereinanderliegen oder sich kreuzen

2) AKTIVES LERNEN

Neben jedem Wort ist ein Abstand vorgesehen zum Aufschreiben der Übersetzung. Um ihre Kenntnisse zu überprüfen und zu erweitern befindet sich am Ende des Buches ein **WÖRTERBUCH**. Suchen sie die Übersetzungen, schreiben sie sie auf, dann können sie sie in den. Puzzles suchen und ihrem Wortschatz hinzufügen.

3) ANZEICHNUNG DER WÖRTER

Haben sie schon einmal versucht eine Anzeichnung zu verwenden? Sie könnten zum Beispiel die Wörter, die schwer zu finden sind, ankreuzen, die Wörter, die sie lieben, mit einem Stern, neue Wörter mit einem Dreieck, seltene Wörter mit einem Diamant usw … anzeichnen

4) IHR LERNEN ORGANISIEREN

Am Ende dieser Ausgabe bieten wir auch ein praktisches **NOTIZBUCH** an. Ob im Urlaub, auf Reisen oder zu Hause, sie können ihr neues Wissen ganz einfach organisieren, ohne ein zweites Notizbuch zu benötigen!

5) SIND SIE AM SCHLUSS ?

Gehen sie zum Bonusbereich : **MONSTER-HERAUSFÖRDERUNG,** um ein kostenloses Spiel zu finden, das am Ende dieser Ausgabe angeboten wird !

Lust auf mehr Spaß und Lernaktivitäten? Schnell und einfach : eine ganze Spielbuchsammlung mit einem einzigen Klick erhaltbar :

Mit diesem Link finden sie ihre nächste Herausforderung :

BestActivityBooks.com/MeineNachsteWortsuche

Achtung, fertig, ... Los !!

Wussten sie, dass es auf der Welt ungefähr 7.000 verschiedene Sprachen gibt ? Wörter sind kostbar.

Wie lieben Sprachen und haben schwer daran gearbeitet, die Bücher von höchster Qualität für sie zu entwerfen. Unsere Zutaten ?

Eine Auswahl von angepassten Lernthemen, drei große Scheiben Spaß, dann fügen wir einen Löffel schwieriger Wörter und eine Prise seltener Wörter hinzu. Wir servieren sie mit Sorgfalt und ein Maximum an Freude, damit sie die besten Wortspiele lösen und Spaß am Lernen haben.

Ihre Meinung ist wichtig. Sie können aktiv zum Erfolg dieses Buches beitragen, indem sie uns eine Bemerkung hinterlassen. Sagen sie uns, was ihnen an dieser Ausgabe am besten gefallen hat !!

Hier ist ein kurzer Link, der sie zu ihrer Bewertungsseite führt

BestBooksActivity.com/Rezension50

Vielen Dank für ihre Hilfe und viel Spaß

Linguas Classics

1 - Ozean

```
Ь Ъ Д К Ю М У Д О Т Ю К М К
Л С Ы Ь О Е Ш В П У Г О Р Ь
Щ О Б А С Д Ь Т Ю Н Ь Ч В Ь
Ц Л Д Ф С У Ч Е Р Е П А Х А
О Ь Е К Н З Ц М В Ц У У О В
Л С Л Л А А А К У Л А Ц Р О
Т Д Ь Г К Р Е В Е Т К А И Л
У Ъ Ф М У К О Р А Л Л В Ф Н
Щ М И Ц И Б У С Т Р И Ц А Ы
С У Н Щ А Н К Ш К И Т Ч Ж Ч
П Ш Ч М Е М О А Р Ы Б А Г Я
Т Д Ф Ы Ъ Ю Л Г А Ж У А Ю Ь
П Р И Л И В Ы Л Б П Р Ю А Щ
К Ы О Т К Ш Ф Г Ф Ф Я К Р С
```

УГОРЬ	ОСЬМИНОГ
УСТРИЦА	МЕДУЗА
ЛОДКА	РИФ
ДЕЛЬФИН	СОЛЬ
РЫБА	ЧЕРЕПАХА
КРЕВЕТКА	ГУБКА
ПРИЛИВЫ	БУРЯ
АКУЛА	ТУНЕЦ
КОРАЛЛ	КИТ
КРАБ	ВОЛНЫ

2 - Schule #1

```
О Д В Э А Р У Ч К И Ы С Ч Ч
Т Х И Ю К Л Ш П Р Н Ч Н Р И
В Г К Я Т З Ф Ж Т Я И Ю Ь Т
Е С Т У Л И А А Т П С Г Я А
Т Ь О Б Е Д Ф М В П Л Ж И Т
Ы Д Р У З Ь Я Б Е И А Б Ы Ь
Д К И К Х Щ Д Ж Ц Н Т А Ж И
Г П Н У Ч И Т Е Л Ь Ы Н Т Ш
Ъ М А Т Е М А Т И К А Я Ь Б
В П Ф Г Щ Ь В Е С Е Л Ь Е У
К А Р А Н Д А Ш Т Г Ы А Я М
Е П М Б И Б Л И О Т Е К А А
Т К Я У Щ Ь Ь Л Л К Л Ж К Г
Р И П М Д Б Д Ф Е Т П У Г А
```

АЛФАВИТ	ПАПКИ
ОТВЕТЫ	БУМАГА
БИБЛИОТЕКА	ЭКЗАМЕНЫ
КАРАНДАШ	ВИКТОРИНА
КНИГИ	СТОЛ
ДРУЗЬЯ	ВЕСЕЛЬЕ
УЧИТЕЛЬ	РУЧКИ
ЧИТАТЬ	СТУЛ
МАТЕМАТИКА	ЧИСЛА
ОБЕД	

3 - Meditation

```
Ж Ц Г П С И Ч Р Ь Р Ъ У С П
П Е Р С П Е К Т И В А М О Р
У М С Т В Е Н Н Ы Й Л Ш С И
Д Ч Ю Ъ Ы Е Ы У Ц Ш С Ф Т Р
Т В Е Я С Н О С Т Ь Р С Р О
С И И Н П Р И Н Я Т И Е А Д
Ч Д Ш Ж И Д О Б Р О Т А Д А
А Ю Ь И Е Я Е М У З Ы К А Ф
С Ч Ь Ъ Н Н М Ы С Л И Т Н Ц
Т Т Р К Р А И Ю М У Ю С И М
Ь Д Ы Х А Н И Е П Ы Х У Е И
Е Ъ С П О К О Й Н Ы Й Ж П Р
Б Л А Г О Д А Р Н О С Т Ь Ш
В Н И М А Н И Е Ы И М А У Ю
```

ПРИНЯТИЕ	ЯСНОСТЬ
ДЫХАНИЕ	УЧЕНИЯ
ВНИМАНИЕ	СОСТРАДАНИЕ
ДВИЖЕНИЕ	МУЗЫКА
БЛАГОДАРНОСТЬ	ПРИРОДА
ДОБРОТА	ПЕРСПЕКТИВА
МИР	СПОКОЙНЫЙ
МЫСЛИ	ТИШИНА
УМСТВЕННЫЙ	УМ
СЧАСТЬЕ	

4 - Meisterschaft

```
Ф  С  П  О  Р  Т  И  В  Н  Ы  Й  Л  Д  С
И  В  К  О  М  А  Н  Д  А  Ю  Н  П  Н  Т
Н  Ы  М  И  Е  К  Р  Н  О  Ч  Ъ  П  Р  Р
А  Н  О  Г  Д  Ч  Ц  К  Д  Е  Г  А  Д  А
Л  О  Т  Р  А  О  Ю  П  Е  М  Т  Х  Б  Т
И  С  И  Ы  Л  С  Ч  Е  М  П  И  О  Н  Е
С  Л  В  Б  Ь  У  Ж  П  П  И  Г  М  Д  Г
Т  И  А  П  Т  Д  М  Ю  Ю  О  Щ  Е  Г  И
Б  В  Ц  Т  К  Ь  Щ  К  Я  Н  В  Ж  Д  Я
Ц  О  И  С  Р  Я  Л  И  Г  А  Ъ  О  П  Н
Ы  С  Я  Ч  Т  Е  Ы  Ы  Ш  Т  У  Ф  Ф  А
Е  Т  Р  Г  Г  Щ  Н  Д  Ы  Ш  А  Т  Ь  Т
Р  Ь  Ц  Щ  Х  С  Я  Е  Т  У  Р  Н  И  Р
П  О  Б  Е  Д  А  Т  Ж  Р  Ш  Щ  Ж  Х  Ф
```

ДЫШАТЬ	МОТИВАЦИЯ
ВЫНОСЛИВОСТЬ	СУДЬЯ
ЧЕМПИОН	ПОБЕДА
ФИНАЛИСТ	ИГРЫ
ЛИГА	СПОРТИВНЫЙ
КОМАНДА	СТРАТЕГИЯ
МЕДАЛЬ	ТРЕНЕР
ЧЕМПИОНАТ	ТУРНИР

5 - Insekten

К	О	М	А	Р	Г	Л	Т	Е	Р	М	И	Т	Б
Ц	И	К	А	Д	А	Ц	К	Ф	Я	У	С	У	О
В	Ж	Т	Л	Я	Ч	И	У	Т	Л	Р	Т	С	Ж
Х	Ц	У	Е	Ч	Е	П	З	Б	М	А	Р	В	Ь
Ш	Ш	Б	К	О	Р	Р	Н	Д	И	В	Е	Р	Я
П	Ч	Е	Л	А	В	Л	Е	Д	В	Е	К	Б	К
Б	О	Е	Р	Ж	Ь	И	Ч	Ы	Н	Й	О	Л	О
О	Ф	Ъ	Л	Ш	О	Ч	И	Ю	Т	Ь	З	О	Р
Г	С	А	Т	Ъ	Е	И	К	Щ	А	С	А	Х	О
О	Е	А	С	Ъ	Ь	Н	Ь	Ю	Р	Ю	Р	А	В
М	Ш	П	Ш	Ь	Б	К	Ь	Ц	А	И	Ц	У	К
О	Д	Ь	Я	М	В	А	Р	Ш	К	Е	Ш	Т	А
Л	Б	А	Б	О	Ч	К	А	Ш	А	Л	Ь	Ц	В
С	Н	Ъ	Т	Р	Ф	Г	К	Т	Н	С	Ч	Ж	Т

МУРАВЕЙ   ЛИЧИНКА
ПЧЕЛА   СТРЕКОЗА
ТЛЯ   БОЖЬЯ КОРОВКА
БЛОХА   КОМАР
БОГОМОЛ   БАБОЧКА
КУЗНЕЧИК   ТЕРМИТ
ШЕРШЕНЬ   ОСА
ТАРАКАН   ЧЕРВЬ
ЖУК   ЦИКАДА

6 - Dinosaurier

```
Д У Д Ь Х Ж Э В О Л Ю Ц И Я
З О В Н Х В Р И Р А З М Е Р
Е Л Б С Р Ю О Д К Р Ы Л Ь Я
М Ш Ю Ы Е С Ъ С Ъ Е Б Т Ь Т
Л М Л Ф Ч Я И Ш Т Ф Е У Г Р
Я Л Ы П М А Д М О Щ Н Ы Й А
С Н О Г Р О М Н Ы Й Б М П В
И С К О П А Е М Ы Е О А Н О
Р Е П Т И Л И Я Л Й М М Р Я
О В Ж Д Н Ы Б О Л Ь Ш О Й Д
П О Р О Ч Н Ы Й Е С К Н Ч Н
Х Л К Ш Ч Ы А Щ Л Е Я Т Ъ О
И С Ч Е З Н О В Е Н И Е Ю Е
А М Ы Е М Ц Ж И Ъ Ф Ж Ч Л Ы
```

ВСЕЯДНЫЙ	БОЛЬШОЙ
ВИД	РАЗМЕР
ДОБЫЧА	МОЩНЫЙ
ПОРОЧНЫЙ	МАМОНТ
ОГРОМНЫЙ	ТРАВОЯДНОЕ
ЗЕМЛЯ	РЕПТИЛИЯ
ЭВОЛЮЦИЯ	ХВОСТ
КРЫЛЬЯ	ИСЧЕЗНОВЕНИЕ
ИСКОПАЕМЫЕ	

7 - Obst

Е	Ф	Р	В	Ж	Д	Д	У	Ц	Ю	П	Ы	Ь	Я
О	Р	А	Н	Ж	Е	В	Ы	Й	Х	Е	П	Я	П
К	Р	Д	Л	Ф	Р	Я	Ч	Н	Г	Р	У	Ш	А
И	О	Ш	И	Т	У	Г	П	Ю	Я	С	С	Е	Ф
В	Н	К	М	Н	С	О	И	С	В	И	Ш	Н	Я
И	Е	Ю	О	Ш	Л	Д	И	Д	Щ	К	Р	Е	А
Ц	К	Е	Н	С	И	А	Ч	У	Р	Н	Я	Ж	В
П	Т	Е	Ю	Ь	В	А	Н	А	Н	А	С	Е	О
М	А	Л	И	Н	А	Б	Р	И	К	О	С	В	К
Р	Р	П	Р	Х	О	Р	В	М	К	Ш	Ж	И	А
С	И	Ю	А	У	Ш	Ш	В	Л	Ч	Ь	Е	К	Д
Щ	Н	Я	И	Й	Ъ	Г	Ж	В	Т	Ь	Ю	А	О
Б	А	Н	А	Н	Я	В	И	Н	О	Г	Р	А	Д
Б	К	Д	Я	Я	Б	Л	О	К	О	А	К	Г	Ь

АНАНАС	КИВИ
ЯБЛОКО	КОКОС
АБРИКОС	ДЫНЯ
АВОКАДО	НЕКТАРИН
БАНАН	ОРАНЖЕВЫЙ
ЯГОДА	ПАПАЙЯ
ГРУША	ПЕРСИК
ЕЖЕВИКА	СЛИВА
МАЛИНА	ВИНОГРАД
ВИШНЯ	ЛИМОН

8 - Schule #2

```
Н У Д Р А В Ы Х О Д Н Ы Е Л
К Л И Т Е Р А Т У Р А Б К А
Г Р А М М А Т И К А У А Ь С
К О М П Ь Ю Т Е Р Б К С Б Т
К Б У М А Г А Ч Х Ф А Ф Л И
А У Т Ь Ъ О А В Т О Б У С К
Р Ч С Р К Н И Г И Е К О В Р
А Е О Б Р А З О В А Н И Е Ю
Н Н У Ч И Т Е Л Ь Б О И Ш К
Д И Р У Ч К И К С И Ж Д Е З
А Е С Л О В А Р Ь Г Н Я Щ А
Ш Ь Ц Т Ч Е А Г И И П П К
К А Л Е Н Д А Р Ь Ъ Ц Ь У П
Б И Б Л И О Т Е К А Ы Ф У М
```

БИБЛИОТЕКА	ЧТЕНИЕ
ОБРАЗОВАНИЕ	ЛИТЕРАТУРА
КАРАНДАШ	БУМАГА
АВТОБУС	ЛАСТИК
КНИГИ	РЮКЗАК
КОМПЬЮТЕР	НОЖНИЦЫ
ГРАММАТИКА	РУЧКИ
КАЛЕНДАРЬ	НАУКА
УЧИТЕЛЬ	ВЫХОДНЫЕ
ОБУЧЕНИЕ	СЛОВАРЬ

9 - Spielzeuge

```
Л Н О Ф Н Г Л И Н А П Т Л С
К Ю Б Г О Л О В О Л О М К А
В Ю Б Б Р Ц Д Ж Т Н Ц Я М М
П Е Ц И Е У К К У К Л А Я О
О У Л О М А А Ю Р Ъ Л Ш Ч Л
Е Н С О Е Ы В Я В Ц Ъ Е С Е
З Ф П П С Ш Й М В Д Х С И Т
Д Н М Ц Л И Г Р У З О В И К
Ь Ц А Ц А Г П К К У К К Н Н
Р О И Щ Д Р Щ Е Ж Ъ Д Ф Е И
Щ О У В Л Ы Д М Д Ц Г Л Н Г
Ц Ю Б Б А Р А Б А Н Ы К Б И
Т Я В О О Б Р А Ж Е Н И Е Ы
Т Н В К Т Ш А Х М А Т Ы Щ А
```

МЯЧ	КУКЛА
ЛОДКА	ГОЛОВОЛОМКА
КНИГИ	РОБОТ
ВЕЛОСИПЕД	ШАХМАТЫ
ЛЮБИМЫЙ	БАРАБАНЫ
САМОЛЕТ	ИГРЫ
РЕМЕСЛА	ГЛИНА
ГРУЗОВИК	ПОЕЗД
ВООБРАЖЕНИЕ	

10 - Komödie

```
В И С Р Х Ч Д С С В У Е Т А
Е Ы М Ж Д Ю М М М Ф М Щ Е П
С Я Р П П Щ Х Е Е А Н К Л Л
Е М Ц А Р Б Ы Х Ш Р Ы М Е О
Л Ь Ф Щ З О Ь Ф Н Л Й Ц В Д
Ь Н Ъ Л Щ И В Ф О Ц О Ц И И
Е П Е Ц Ц Т Т И Й Д П К Д С
С А Ю М О Р Ш Е З Х Ч Н Е М
Е Р К Л О У Н Ы Л А С Р Н Е
Ш О В Т Ж А Н Р Щ Ь Ц Н И Н
У Д А Ф Р Ж Т Ы Л У Н И Е Т
Т И А У Д И Т О Р И Я Ы Я Ы
К Я Ж Б Щ Щ С Г Я Ь О У Й С
И Д Т Е А Т Р А К Т Е Р Е Г
```

АПЛОДИСМЕНТЫ   СМЕХ
ВЫРАЗИТЕЛЬНЫЙ   ПАРОДИЯ
КЛОУНЫ   АУДИТОРИЯ
ТЕЛЕВИДЕНИЕ   АКТЕР
ЖАНР   АКТРИСА
ЮМОР   ВЕСЕЛЬЕ
ИМПРОВИЗАЦИЯ   ТЕАТР
УМНЫЙ   ШУТКИ
СМЕШНОЙ

11 - Camping

Н	П	К	Ц	Ъ	К	П	О	Ш	П	К	Р	Ч	А
Г	А	М	А	К	В	В	Г	Л	Р	О	Т	Я	В
О	Т	С	Л	Р	Ю	Ъ	О	Я	И	М	П	О	М
Р	М	Ю	Е	С	Т	Е	Н	П	К	П	Р	Ж	Л
А	Ф	Ч	С	К	Х	А	Ь	А	Л	А	И	Ю	У
Ж	О	У	О	Х	О	Т	А	Б	Ю	С	Р	Ж	Н
Ф	Н	В	О	Ц	В	М	Б	И	Ч	Г	О	И	А
Л	А	Ч	Е	Ч	Е	Ж	О	К	Е	К	Д	В	Ц
Ж	Р	Ж	Ы	Р	С	А	А	Е	Н	А	А	О	Я
Х	Ь	Л	Ы	Н	Е	Ч	Д	П	И	Н	К	Т	К
О	З	Е	Р	О	Л	В	Х	Т	Е	О	Ц	Н	Г
Д	Е	Р	Е	В	Ь	Я	К	Ш	Т	Э	Ф	Ы	Ф
И	Ц	Г	О	Б	Е	Х	Т	А	М	Р	Д	Е	К
Г	Н	Ь	М	О	П	А	Л	А	Т	К	А	Ф	Е

ПРИКЛЮЧЕНИЕ	КОМПАС
ДЕРЕВЬЯ	ФОНАРЬ
ГОРА	ЛУНА
ОГОНЬ	ПРИРОДА
ГАМАК	ОЗЕРО
ШЛЯПА	ВЕРЕВКА
НАСЕКОМОЕ	ВЕСЕЛЬЕ
ОХОТА	ЖИВОТНЫЕ
КАНОЭ	ЛЕС
КАРТА	ПАЛАТКА

12 - Zeit

```
У В В Е К А Л Е Н Д А Р Ь Я
Т Ч Ч А С Ы Ч М И Н У Т А Ы
Р Е А Е У Ю О Е П О С Л Е С
О Ь Ц С Р Ъ У С С Ч Д Г Ш Ж
Т Щ Г Е В А И Я Е Ь О Е Е Г
Я Ш Ы Й Ы Я К Ц Г Ю Ю Ж Г Ш
Ы И Л Ч Ш Ф Ь П О Л Д Е Н Ь
Б Я М А П Г Ы Щ Д Л Я Г Е Ш
Р Н С С Д Д И К Н Ы Ж О Д Ч
Г Л Г Ф Щ М С Я Я С Л Д Е Д
Р Я С О Х Ж Ы Е Б Ъ Г Н Л У
Г А Б У Д У Щ Е Е М Х Ы Я В
Ы Г В Л Я Д Е Н Ь Ц Ю Й Щ У
Д Е С Я Т И Л Е Т И Е Г О И
```

ВЧЕРА	МЕСЯЦ
СЕГОДНЯ	УТРО
ГОД	ПОСЛЕ
ВЕК	НОЧЬ
ДЕСЯТИЛЕТИЕ	ЧАС
ЕЖЕГОДНЫЙ	ДЕНЬ
СЕЙЧАС	ЧАСЫ
КАЛЕНДАРЬ	ДО
МИНУТА	НЕДЕЛЯ
ПОЛДЕНЬ	БУДУЩЕЕ

13 - Säugetiere

```
М Е Д В Е Д Ь Л Ф Щ М Ч И М
К Ф Е Н Д Т Б Б О Д Ш Р Д Ъ
К О Й О Т И Г Р В Ш Ь Б П И
И Ъ Е Д Г С П Т Ц Л А У Д Ъ
Т Д Х Ю Ж О Б Х А Ч И Д Л Г
К Р Ы С А Н Р Л Я У Ж С Ь Я
В З Е Б Р А В И К Б С В А Ж
О Н Г Е Д И Р М Л Ф О П Я И
Л Щ Л У К Н Д Я Ф Л Б О Б Р
К К Е Н Г У Р У Б С А У Н А
Я Х В Т Ж Ш П О Ы Л К К О Ф
О Б Е З Ь Я Н А К О А О Щ Ы
П А Н Т Е Р А Е Г Н Я Х Р Щ
Х Г С С Ю А Я Р А Ф Ф У Ш Н
```

ОБЕЗЬЯНА	ЛЕВ
МЕДВЕДЬ	ПАНТЕРА
БОБР	ЛОШАДЬ
СЛОН	КРЫСА
ЛИСА	ОВЦА
ЖИРАФ	БЫК
ГОРИЛЛА	ТИГР
СОБАКА	КИТ
КЕНГУРУ	ВОЛК
КОЙОТ	ЗЕБРА

14 - Astronomie

```
С Р Е И К К Г У К Ч З М П П
У А А Д З О Ь Щ Х Б О Е М Л
Ж С Ъ К В М С Н Ц К Д Т К А
А Т А Т Е Е Щ М Х П И Е Я Н
С Р О Е З Т Ф Ы О Ч А О Щ Е
В О Ф Л Д А А О В С К Р А Т
Е Н А Е А С Т Е Р О И Д А
Р А З С П У Т Н И К К К Х Ъ Ф
Х В Е К Т У М А Н Н О С Т Ь
Н Т М О Е Р М Л Е У П Ш У Т
О Л Л П Ъ У О У Б Н У Л Б Х
В Х Я Ц А В К Н О О Б Ц Т Л
А О Я А Щ Ф Г А О Н О У С Ъ
Я У Я О Е С Щ О Т М М Т Ж Ь
```

АСТЕРОИД	ТУМАННОСТЬ
АСТРОНАВТ	ПЛАНЕТА
АСТРОНОМ	РАКЕТА
ЗЕМЛЯ	СПУТНИК
НЕБО	ЗВЕЗДА
КОМЕТА	СВЕРХНОВАЯ
КОСМОС	ТЕЛЕСКОП
МЕТЕОР	ЗОДИАК
ЛУНА	

15 - Ballett

Н	Д	П	В	А	О	А	Я	О	А	Х	О	И	М
Х	Ф	Ю	К	П	М	У	Н	Б	В	О	Р	Н	Я
А	А	Ч	П	Л	У	Д	Ш	Г	Ы	Р	К	Т	Б
К	О	М	П	О	З	И	Т	О	Р	Е	Е	Е	А
Ж	Х	О	Л	Д	Ы	Т	А	Ы	А	О	С	Н	Л
Ф	Е	У	Щ	И	К	О	Н	Ы	З	Г	Т	С	Е
С	Ш	С	Ц	С	А	Р	Ц	С	И	Р	Р	И	Р
И	О	Ю	Т	М	Я	И	О	Т	Т	А	Р	В	И
А	Щ	Л	Ы	Е	Ы	Я	Р	И	Е	Ф	И	Н	Н
Ы	О	А	О	Н	С	Ш	Ы	Л	Л	И	Т	О	А
Ы	Ч	Р	Я	Т	Е	Щ	Ц	Ь	Ь	Я	М	С	К
Щ	Ю	Ы	В	Ы	Р	Е	Х	Ы	Н	Н	Т	Т	Р
П	Р	А	К	Т	И	К	А	Б	Ы	О	А	Ь	Ц
Н	А	В	Ы	К	Х	Я	С	Г	Й	П	Л	Л	Т

АПЛОДИСМЕНТЫ	МЫШЦЫ
ВЫРАЗИТЕЛЬНЫЙ	ОРКЕСТР
БАЛЕРИНА	ПРАКТИКА
ХОРЕОГРАФИЯ	АУДИТОРИЯ
НАВЫК	РИТМ
ЖЕСТ	СОЛО
ИНТЕНСИВНОСТЬ	СТИЛЬ
КОМПОЗИТОР	ТАНЦОРЫ
МУЗЫКА	

16 - Strand

П	Л	У	Л	У	Ц	Ы	М	Л	А	С	Д	Ъ	П
О	Г	А	Ф	С	Ж	М	О	П	О	Х	В	Ь	Л
Л	Ь	А	Г	Т	О	Р	Р	И	Ф	Д	Х	Ш	А
О	Н	Ъ	Ъ	У	Ъ	С	Е	Г	Ф	О	К	Ц	В
Т	Р	Р	У	Т	Н	С	Т	Ъ	Л	Щ	Р	А	А
Е	В	Б	Н	С	Н	А	О	Р	У	Ц	А	П	Т
Н	Ы	О	Т	П	У	С	К	С	О	Н	Б	О	Ь
Ц	П	Е	С	О	К	А	Е	О	У	В	Х	Б	Ц
Е	В	Л	И	Я	Ь	Н	А	Л	М	Е	Д	Е	З
М	Ы	Р	Н	К	Ц	Д	Н	Н	Л	Н	О	Р	О
О	Х	О	И	Ы	О	А	Г	Ц	Ш	Д	К	Е	Н
О	Ф	Г	Й	К	Г	Л	Г	Е	Г	И	П	Ж	Т
У	Ш	Е	В	Ч	П	И	Г	Ц	Х	О	Б	Ь	И
Ц	П	М	Е	Я	Я	И	Ъ	Ъ	С	Ъ	Щ	Е	К

СИНИЙ	ОКЕАН
ЛОДКА	ЗОНТИК
ДОК	РИФ
ПОЛОТЕНЦЕ	ПЕСОК
ОСТРОВ	САНДАЛИИ
КРАБ	ПЛАВАТЬ
ПОБЕРЕЖЬЕ	СОЛНЦЕ
ЛАГУНА	ОТПУСК
МОРЕ	

17 - Restaurant #1

```
К Х К И О Ь С К К К О Ф Е И
Д О Я У Я В О А У Ж Б Ф Ф Ш
К Ф Ш Б Х Р У С Р Ж Ж Б П А
Ь Х Ц Ы Л Н С С И Ф И Ь Ы О
Н Г Ж Ю Е Щ Я И Ц Ч И И Т Ф
Ф Б Т У Б Д Н Р А К Т Т М И
Б Р О Н И Р О В А Н И Е Е Ц
Л Ч А Ш А Л Л Е Р Г И Я Н И
М Ъ Х Р Щ Ж Ф Ш О Н Д П Ю А
В Я Г Н О Ы Е Ы М Ю Е Р И Н
Ч Ж С А Л Ф Е Т К А С Я Ь Т
Я Ш Щ О Ъ С У Л Ц Н Е Н А К
Е Д А У Н О Ж С Ь Ж Р Ы Ш А
Р Ъ Е О Б Н У Б Б П Т Й А В
```

АЛЛЕРГИЯ	КУХНЯ
ХЛЕБ	МЕНЮ
ДЕСЕРТ	НОЖ
ЕДА	БРОНИРОВАНИЕ
МЯСО	ЧАША
КУРИЦА	САЛФЕТКА
КОФЕ	СОУС
КАССИР	ПРЯНЫЙ
ОФИЦИАНТКА	

18 - Geologie

```
И П Л К В А Р Ц Р А К У М Э
С Е А А У С П Л А Т О Ъ И Р
К Щ В Л Л Т Т Ъ С Т Р П Н О
О Е А Ь К А Д А П О А Ъ Е З
П Р Ц Ц А Л К Г Л Я Л К Р И
А А Ч И Н А А К А А Л О А Я
Е Ч Я Й Е Г М М В К К Н Л А
М Ф Н И С М Е Ц Л Т И Т Ы Ж
О Г Ш Х О И Н Л Е Ь С И И Х
Е Х Е Г Л Т Ь Р Н Х Л Н В Т
Ц М В Й Ь Ы Ш Н Н Ш О Е Е Ы
Ь Ш И Щ З О Н А Ы О Т Н А Д
Ю Ш О Г С Е К П Й Ф А Т К Ш
З Е М Л Е Т Р Я С Е Н И Е Н
```

ЗЕМЛЕТРЯСЕНИЕ	МИНЕРАЛЫ
ЭРОЗИЯ	ПЛАТО
ИСКОПАЕМОЕ	КВАРЦ
РАСПЛАВЛЕННЫЙ	СОЛЬ
ГЕЙЗЕР	КИСЛОТА
ПЕЩЕРА	СТАЛАГМИТЫ
КАЛЬЦИЙ	СТАЛАКТИТ
КОНТИНЕНТ	КАМЕНЬ
КОРАЛЛ	ВУЛКАН
ЛАВА	ЗОНА

19 - Wissenschaft

```
К Э К С П Е Р И М Е Н Т Т Ц
Л Л Ф А К Т Т Ч Б Т Ч В Ю Н
А К И Х И М И Ч Е С К И Е Г
Б Щ З М Е Т О Д Я Т Р Щ М Д
О И И Р А С Т Е Н И Я Ш Л Ч
Р С К Н П Т Г И П О Т Е З А
А К А Д А Н Н Ы Е М О М У С
Т О К Г С О У С П Ь Р И Ч Т
О П Р И Р О Д А М Л Г Н Е И
Р А Е П А Т О М Я У А Е Н Ц
И Е М О Л Е К У Л Ы Н Р Ы Ы
Я М Э В О Л Ю Ц И Я И А Й Х
Ъ О К А Ю М Г Х Ф Е З Л Б Х
Б Е В Х Н Е Ю Ь У Р М Ы Ь Ф
```

АТОМ	МИНЕРАЛЫ
ХИМИЧЕСКИЕ	МОЛЕКУЛЫ
ДАННЫЕ	ПРИРОДА
ЭВОЛЮЦИЯ	ОРГАНИЗМ
ЭКСПЕРИМЕНТ	ЧАСТИЦЫ
ИСКОПАЕМОЕ	РАСТЕНИЯ
ГИПОТЕЗА	ФИЗИКА
КЛИМАТ	ФАКТ
ЛАБОРАТОРИЯ	УЧЕНЫЙ
МЕТОД	

20 - Bildende Kunst

```
К Е Р А М И К А М Ш Ш А М Ы
Т Р А Ф А Р Е Т Д Д Е Ю П К
Ф Г Е К Б Б Т У Л Ц Д И Е А
И О Ы А К У О Я К В Е П Р В
Л С Т А Т С О С Т А В О С К
Ь М У О У И П Р Л Л Р Р П Ф
М Б Н К Г Ы В К Н Щ К Т Е Ъ
М Е Л К А Р А Н Д А Ш Р К Д
Р У Ч К А М А К О У В Е Т А
И Н Г Н Ы И П Ф Д С Щ Т И Г
Х У Д О Ж Н И К И К Т У В Л
П Ъ Ш Ы Л А К Н Я Я Ъ Ь А И
Ы С М О Л Ь Б Е Р Т Щ Ь Л Н
С К У Л Ь П Т У Р А Д Ъ Р А
```

КАРАНДАШ	ПЕРСПЕКТИВА
ФИЛЬМ	ПОРТРЕТ
ФОТОГРАФИЯ	ТРАФАРЕТ
УГОЛЬ	СКУЛЬПТУРА
КЕРАМИКА	МОЛЬБЕРТ
КРЕАТИВНОСТЬ	РУЧКА
МЕЛ	ГЛИНА
ХУДОЖНИК	ВОСК
ЛАК	СОСТАВ
ШЕДЕВР	

21 - Sport

Я	Х	О	К	К	Е	Й	С	Л	С	У	Л	К	Ь
И	Х	Я	А	С	П	О	Р	Т	С	М	Е	Н	Ш
В	Е	Л	О	С	И	П	Е	Д	У	Ш	Т	Р	П
П	Я	А	И	Я	Г	Ц	Д	Б	Д	Ю	Р	К	Ж
П	О	Я	У	И	Р	Ю	В	Б	Ь	Ч	Е	Ч	С
Л	Б	Б	Т	Ы	О	Е	И	Г	Я	Е	Н	У	Т
А	А	Е	Е	Д	К	П	Ж	Ш	Б	М	Е	И	А
В	С	Й	Н	Д	Н	Ъ	Е	Ы	Ш	П	Р	Г	Д
А	К	С	Н	Г	И	М	Н	А	З	И	Я	Р	И
Т	Е	Б	И	Г	Щ	Т	И	Н	Ж	О	Ц	А	О
Ь	Т	О	С	О	П	Ж	Е	Р	И	Н	Н	Е	Н
С	Б	Л	И	Л	Г	М	Ф	Л	А	А	В	П	Ч
С	О	Х	Ч	Ь	Г	И	О	Ъ	Ь	Т	А	Д	М
Ф	Л	Ь	Я	Ф	К	О	М	А	Н	Д	А	Щ	Ю

СПОРТСМЕН	КОМАНДА
БЕЙСБОЛ	ЧЕМПИОНАТ
БАСКЕТБОЛ	СУДЬЯ
ДВИЖЕНИЕ	ПЛАВАТЬ
ХОККЕЙ	ИГРА
ВЕЛОСИПЕД	ИГРОК
ПОБЕДИТЕЛЬ	СТАДИОН
ГОЛЬФ	ТЕННИС
ГИМНАЗИЯ	ТРЕНЕР

22 - Mythologie

У	В	М	Ю	Л	К	В	М	Ш	Р	А	В	Л	Б
Р	С	Ч	Ф	Е	У	Л	О	Ь	Е	Р	О	Р	Е
Щ	Ь	Ж	Д	Г	Л	Х	Н	И	В	Х	Л	И	С
К	Ю	Х	Ъ	Е	Ь	К	С	Ш	Н	Е	Ш	Л	С
А	А	Ж	Ж	Н	Т	Т	Т	Ы	О	Т	Е	Л	М
Ь	Щ	Т	Б	Д	У	С	Р	Ы	С	И	Б	М	Е
А	Г	Ч	А	А	Р	С	И	Ю	Т	П	Н	С	Р
Н	Е	Б	Е	С	А	М	Т	Г	Ь	П	Ы	У	Т
Ы	Р	И	Ф	Ц	Т	Е	О	Р	С	М	Й	Щ	И
Л	О	Ф	Ц	Ч	Ю	Р	А	О	И	Е	М	Е	Е
Х	Й	К	Б	У	Н	Т	О	М	Л	С	К	С	У
Л	А	Б	И	Р	И	Н	Т	Ф	А	Т	Л	Т	О
М	О	Л	Н	И	Я	Ы	Ш	Ъ	А	Ь	О	В	Ч
Б	Ы	Г	А	Ч	Д	Й	Д	Б	Ц	У	С	О	К

АРХЕТИП	КУЛЬТУРА
МОЛНИЯ	ЛАБИРИНТ
ГРОМ	ЛЕГЕНДА
РЕВНОСТЬ	ВОЛШЕБНЫЙ
ГЕРОЙ	МОНСТР
НЕБЕСА	МЕСТЬ
КАТАСТРОФА	СИЛА
СУЩЕСТВО	СМЕРТНЫЙ
ВОИН	БЕССМЕРТИЕ

23 - Tools

```
Т И Ъ К Л Н Ъ У П Ж Л Ъ П О
Х Т Н О О Н Ц К Р О Е С Л А
Я Ц Ы Л П С Ы А А К С Т О Т
Н Ю Ы Е А Е С Б В А Т Е С Ч
Ы Б Я С Т Л Д Е И У Н П К Ь
Ж У Г О А А Ж Л Т Б И Л О Ц
М О Л О Т О К Ь Е Р Ц Е Г Ь
Н В Е Р Е В К А Л И А Р У Л
Ф О Ы Ч Я М Б Ь Ь Т Ш Р Б Я
Ц А Ж К Л Е Й Ж К В Т У Ц К
П В К Н А В И Н Т А О А Ы П
Л Г Л Е И Я Ц Р О С П О Ж Л
Х Ж У Щ Л Ц Я С У Ж О Щ Ю Ч
В Ч Т Ъ Ы Ь Ы И И Г Р М Х Д
```

ТОПОР	НОЖ
ФАКЕЛ	КОЛЕСО
МОЛОТОК	БРИТВА
СТЕПЛЕР	ЛОПАТА
КАБЕЛЬ	НОЖНИЦЫ
КЛЕЙ	ВИНТ
ЛЕСТНИЦА	ВЕРЕВКА
ПРАВИТЕЛЬ	ПЛОСКОГУБЦЫ

24 - Restaurant #2

```
Р Щ Ш Ф А Т В Г Г Ж Ц Н Я М
Щ Х Х Л Ч С П Е Ц И И А О Ж
Н К Р С О Ц А Ф Ы Л А П Ш А
С У П О Ф С Р Ы К Ь Ь И Х Ш
А Ы Щ Л И Ч Т Н П Ц Е Т Г П
Л Е Д Ь Ц Ц Ж У У Р И О М У
А Ь Я З И О Ч Ъ Л О Ж К А Ь
Т О Р Т А В И Л К А П Л К В
А Т Ч Т Н К Б П С Б М Ж Ч Щ
А В О Х Т У У Щ Ъ Р Я В У Х
С Л Ь В В К У С Н Ы Й О Ф Л
О Б Е Д О Я Ю Ю К Б Ц Д У П
Ф Р У К Т Щ Ц Ш Ч А А А Ш Е
Щ Ц С Ю И Г И Ч Я Р Ф О Ы Ы
```

ОБЕД	ВКУСНЫЙ
ЯЙЦА	ТОРТ
ЛЕД	ЛОЖКА
РЫБА	ЛАПША
ФРУКТ	САЛАТ
ВИЛКА	СОЛЬ
ОВОЩИ	СТУЛ
НАПИТОК	СУП
СПЕЦИИ	ЗАКУСКА
ОФИЦИАНТ	ВОДА

25 - Ökologie

```
Г Л О Б А Л Ь Н Ы Й Ф В Щ С
К С Р О Ш Б Ф Х П Д Л Ж Д И
Л Ф А Л С К Д Ъ Р О О Ю Д К
И Н С О Ф Е М Б И И Р Ч Ю П
М Л Т Т К А Ф С Р Х А Г Ч С
А П Е О Т Я У М О Р С К О Й
Т Е Н А Л Ы Ы Н Д К Х Ц Щ Г
З Ф И И О Д И Я А Г Ю Ю Р О
В А Я С В Ы Ж И В А Н И Е Р
Х Ю С М И Ч А Ь Т Я Ж И С Ы
У Ц Т У Д Ж Ъ Ф Е И Х С У В
К Ъ Р Ш Х В О Л О Н Т Е Р Ы
Я Ж Ф В Д А Ъ П У Ф К Л С Т
Е С Т Е С Т В Е Н Н Ы Й Ы С
```

ВИД	МОРСКОЙ
ГОРЫ	ПРИРОДА
ЗАСУХА	ЕСТЕСТВЕННЫЙ
ФАУНА	РАСТЕНИЯ
ФЛОРА	РЕСУРСЫ
ВОЛОНТЕРЫ	БОЛОТО
ГЛОБАЛЬНЫЙ	ВЫЖИВАНИЕ
КЛИМАТ	

26 - Schokolade

```
Ъ И Ш М Д М А А В К У С Ц А
В Д Ш У К Х М Р Ф С А Т У Н
С Л А Д К И Й О Ж Б Ц К Ч Т
П К Н Ъ У Г К М Ж Ф Р Р А И
Л А Ы Д Ы Ш А А Ы П Х Б Н О
Ы Р Е Ц Е П Т Т К О К О С К
К А Ч Е С Т В О А Р А Х И С
Д М Ж Ж Ц Щ Ц Т Л О С А В И
Ч Е Ю И П Р К Л О Ш А Е К Д
Б Л Ю Б И М Ы Й Р О Х Д У А
Н Ь Ч Л Л Ь Ь Л И К А К С Н
Н Ы Б Г О Р Ь К И Й Р Т Н Т
Э К З О Т И Ч Е С К И Й Ы Д
И Н Г Р Е Д И Е Н Т Д М Й С
```

АНТИОКСИДАНТ	КАРАМЕЛЬ
АРОМАТ	КОКОС
ГОРЬКИЙ	ВКУСНЫЙ
АРАХИС	ПОРОШОК
ЭКЗОТИЧЕСКИЙ	КАЧЕСТВО
ЛЮБИМЫЙ	РЕЦЕПТ
ВКУС	СЛАДКИЙ
КАКАО	САХАР
КАЛОРИИ	ИНГРЕДИЕНТ

27 - Boote

```
Д Б Ж А Н Ч В О Л Н Ы О Б П
П К А Н О Э Ш Х Ю Ф Ъ К И Д
Л А И Я П Л К С П Н М Е Г В
О Я Р К Ы Р А Щ Я Я О А Ф Д
Т К Е О М Ц И М Н Ш Р Н А О
Б Ж К Р М О Д Л Б Ъ С Ш П К
Я Г А Ь О М Р Т И О К Л Л Р
Е П Д Е Р К Г Е Р В О Ъ Ь Ъ
С Х Ц Ц Я Б У Й Т Е Й И В Л
А Ж Н И К Р К Ы Д Р Л Ъ К А
Э К И П А Ж О Х Щ Е Я Х Т А
Д В И Г А Т Е Л Ь В Ц Ж Л К
М А Ч Т А Ь П Е Я К Ф Ф В Ш
Ю Ж Р О З Е Р О М А Ю Г Т Б
```

ЯКОРЬ	МОРЕ
БУЙ	ДВИГАТЕЛЬ
ЭКИПАЖ	МОРСКОЙ
ДОК	ОКЕАН
ПАРОМ	ОЗЕРО
ПЛОТ	МОРЯК
РЕКА	ВЕРЕВКА
КАЯК	ПРИЛИВ
КАНОЭ	ВОЛНЫ
МАЧТА	ЯХТА

28 - Stadt

```
Ч К Ш Е С Ф Л О Р И С Т Р С
Т И К Ъ Т Р Е С Т О Р А Н У
М Н О Ж А Э Р О П О Р Т С П
С О Л Ч Д Т Е А Т Р Ъ Ч Г Е
Г А А Б И Б Л И О Т Е К А Р
Ш Н Л М О Т Е Л Ь К К З Л М
Я Р Ы О Н Р Ы Н О К Л О Е А
Б Л А Ь Н П К Ч У В И О Р Р
А П Т Е К А Е Ю Р С Н П Е К
М У З Е Й Ч Х К Б И И А Я Е
Ю Я Д Ц Ь Ф О Б А Н К Р Т Т
Я Р Б Ц Н Щ М Ч Ч Р А К Л У
Г Е М Ч Ь О Н Ш Ю Х Н Ц Т Т
У Н И В Е Р С И Т Е Т Я Ж С
```

АПТЕКА	РЫНОК
БАНК	МУЗЕЙ
ПЕКАРНЯ	РЕСТОРАН
БИБЛИОТЕКА	САЛОН
ФЛОРИСТ	ШКОЛА
АЭРОПОРТ	СТАДИОН
ГАЛЕРЕЯ	СУПЕРМАРКЕТ
ОТЕЛЬ	ТЕАТР
КИНО	УНИВЕРСИТЕТ
КЛИНИКА	ЗООПАРК

29 - Aktivitäten

```
У  С  Ц  Д  Ш  И  Т  Ь  Е  П  Щ  Н  И  Ф
Д  А  Х  Е  Р  К  Н  Т  Ш  Щ  У  А  С  О
О  Д  Д  Я  Е  Р  Б  К  К  И  Ш  В  К  Т
В  О  О  Т  М  Ч  Т  Е  Н  И  Е  Ы  У  О
О  В  С  Е  Е  А  Е  М  Ж  М  К  К  С  Г
Л  О  У  Л  С  И  Г  П  Е  Х  Ы  Д  С  Р
Ь  Д  Г  Ь  Л  Г  Н  И  Г  О  Х  О  Т  А
С  С  Т  Н  А  Р  М  Н  Я  Ы  А  Ф  В  Ф
Т  Т  А  О  А  Ы  Д  Г  Ю  Ч  Д  Н  О  И
В  В  Н  С  М  И  В  Я  З  А  Н  И  Е  Я
И  О  Ц  Т  Р  Е  Л  А  К  С  А  Ц  И  Я
Е  Р  Ы  Ь  К  Е  Р  А  М  И  К  А  Ж  Ь
Ф  Я  Р  Ы  Б  Н  А  Я  Л  О  В  Л  Я  Щ
П  Е  Ш  И  Й  Т  У  Р  И  З  М  М  Д  К
```

ДЕЯТЕЛЬНОСТЬ	ИСКУССТВО
РЫБНАЯ ЛОВЛЯ	РЕМЕСЛА
КЕМПИНГ	ЧТЕНИЕ
РЕЛАКСАЦИЯ	МАГИЯ
НАВЫК	ШИТЬЕ
ФОТОГРАФИЯ	ИГРЫ
ДОСУГ	ВЯЗАНИЕ
САДОВОДСТВО	ТАНЦЫ
ОХОТА	УДОВОЛЬСТВИЕ
КЕРАМИКА	ПЕШИЙ ТУРИЗМ

30 - Bienen

К	Я	Ъ	Р	Ь	Ц	У	Ь	Н	Г	А	К	В	Р
Ь	О	Ь	А	Ъ	Д	Л	Т	Ц	А	Ф	Б	Ы	А
Г	Ф	Р	У	К	Т	Е	Ф	Е	Я	Я	Х	Г	З
Л	Ф	А	О	В	К	Й	Ю	Л	В	Ш	П	О	Н
И	Ш	С	Ф	Л	К	С	Ц	В	Е	Т	Ы	Д	О
О	П	Т	П	В	Е	Е	Е	М	Е	Д	Л	Н	О
П	Р	Е	Д	Ш	Ы	В	М	Д	Б	Х	Ь	Ы	Б
Ы	О	Н	В	О	С	К	А	Г	А	С	Ц	Й	Р
Л	Й	И	Б	К	Р	Ы	Л	Ь	Я	С	А	Ч	А
И	Д	Я	Н	А	С	Е	К	О	М	О	Е	Д	З
Т	Ы	П	Ж	Щ	Н	Щ	Г	Т	Ж	Л	Д	П	И
Е	М	Ж	Ь	П	Е	А	Ж	Ц	С	Н	О	Н	Е
Л	Ц	В	Е	Т	Е	Н	И	Е	Ь	Ц	И	О	Х
Ь	Х	Е	Э	К	О	С	И	С	Т	Е	М	А	П

ОПЫЛИТЕЛЬ	КОРОЛЕВА
УЛЕЙ	ЭКОСИСТЕМА
ЦВЕТЫ	РАСТЕНИЯ
ЦВЕТЕНИЕ	ПЫЛЬЦА
ЕДА	ДЫМ
КРЫЛЬЯ	РОЙ
ФРУКТ	СОЛНЦЕ
САД	РАЗНООБРАЗИЕ
МЕД	ВЫГОДНЫЙ
НАСЕКОМОЕ	ВОСК

31 - Wissenschaftliche Disziplinen

```
П К А Р Х Е О Л О Г И Я Л Л
С И Г Б Т Б И О Л О Г И Я И
И Н Г И Е Ч В Г Ш Ч О Б А Н
Х Е Е О Р Д Ж Д У Ч Н А С Г
О З О Х М Г Х У О В Ж Н Т В
Л И Л И О Е К И О Ш Л А Р И
О О О М Д Б Х У М Е Р Т О С
Г Л Г И И Г О А Ш И О О Н Т
И О И Я Н У Н Т Ь Я М О И
Я Г Я Ч А Ю Ю О А И П И М К
О И Х Щ М Н Ь Ш И Н К Я И А
Д Я Е В И Д С Ы К К И А Я Ш
Ь Ч У Э К О Л О Г И Я К У Ю
И Ь И Р А П С Ы Ж Ф Щ К А Ь
```

АНАТОМИЯ	ГЕОЛОГИЯ
АРХЕОЛОГИЯ	КИНЕЗИОЛОГИЯ
АСТРОНОМИЯ	ЛИНГВИСТИКА
БИОХИМИЯ	МЕХАНИКА
БИОЛОГИЯ	ЭКОЛОГИЯ
БОТАНИКА	ПСИХОЛОГИЯ
ХИМИЯ	ТЕРМОДИНАМИКА

32 - Vögel

```
О Ш Ю У О Ч А Й К А Ц В Т Р
Р П Ж Р Г П Л И Ж В С О В А
Е Ж У Т К А П Е С Л Р Р Ц Ц
Л Ч Г Г К В Ф Е Б Т П О А К
С Б Ю Ш Х Л А И Л Е Л Н П Л
Ц Ф Л А М И Н Г О И Д У Л Ы
Я М П К Р Н Ж А М Г К Ь Я Н
Ы В О Р О Б Е Й К О У А Я Н
Ж О П И Н Г В И Н Л К Ж Н Ш
Ф Р У Л Щ Ъ Ф А И У У Щ Ю Н
Ф О Г Я Б К Т С Б Б Ш Т Е Ц
Г Н А Й Ь Ц Ю В Ф Ь К А Ь У
Щ А Й Ц Р К У Р И Ц А Ш Ю Щ
Х Ц Д О Н Ц Ч Я В Г У С Ь И
```

ОРЕЛ	ПОПУГАЙ
ЯЙЦО	ПЕЛИКАН
УТКА	ПАВЛИН
СОВА	ПИНГВИН
ФЛАМИНГО	ВОРОН
ГУСЬ	ЦАПЛЯ
КУРИЦА	ЛЕБЕДЬ
ВОРОНА	ВОРОБЕЙ
КУКУШКА	АИСТ
ЧАЙКА	ГОЛУБЬ

33 - Garten

Д	Е	Р	Е	В	О	Т	В	Ш	С	Е	Г	Я	З
Г	К	Р	Г	Ж	О	Е	Ъ	Х	А	Ф	А	Н	А
Л	Р	У	Ф	Е	Ж	Р	Г	Ы	Д	Ь	М	Ж	Б
У	А	А	С	С	О	Р	Н	Я	К	И	А	С	О
Ж	А	Ц	Б	Т	Ж	А	Ш	Х	И	И	К	Т	Р
А	Д	Ы	А	Л	Х	С	К	А	М	Ь	Я	Р	Г
Й	Ю	Ь	Т	Ь	И	А	Р	П	Р	У	Д	А	А
К	Ы	Н	У	Н	Н	Ш	Ы	Я	С	Ю	Ш	В	Р
А	Л	Я	Т	У	У	У	Л	О	П	А	Т	А	А
П	О	Ч	В	А	Ы	А	Ь	А	Ц	Щ	У	С	Ж
П	Ч	Л	Л	О	П	Х	Ц	Д	Н	М	О	М	Ъ
Ю	Д	В	Ц	В	Е	Т	О	К	И	Г	Ы	Н	П
Я	А	Ц	Ы	М	Г	Е	Щ	Д	Ф	Щ	И	В	Е
Б	Х	С	Г	Е	Ъ	Ж	С	О	Р	И	Ж	Я	Ф

СКАМЬЯ	ГРАБЛИ
ДЕРЕВО	ЛОПАТА
ЦВЕТОК	ШЛАНГ
ПОЧВА	ПРУД
КУСТ	ТЕРРАСА
ГАРАЖ	БАТУТ
САД	СОРНЯКИ
ТРАВА	КРЫЛЬЦО
ГАМАК	ЗАБОР
ЛУЖАЙКА	

34 - Antarktis

```
О  К  Ю  Ь  С  А  Ф  Г  С  У  С  Р  Р  Ж
Щ  И  Ж  Т  Ц  Ф  Г  Ч  О  В  К  Я  И  Т
П  М  В  Е  Т  Р  Ы  Ж  Х  З  А  Л  И  В
О  И  С  М  С  Ф  Ц  Ь  Р  Н  Л  М  Т  Г
Л  Н  Я  П  Т  И  Ц  Ы  А  А  И  И  О  Е
У  Е  В  Е  К  Ь  П  Т  Н  У  С  Г  П  О
О  Р  Д  Р  Р  Ъ  О  Т  Е  Ч  Т  Р  О  Г
С  А  В  А  Д  Е  Г  Ю  Н  Н  Ы  А  Г  Р
Т  Л  А  Т  Ф  У  О  Ь  И  Ы  Й  Ц  Р  А
Р  Ы  Г  У  Г  И  Д  Ш  Е  Й  Р  И  А  Ф
О  С  Т  Р  О  В  А  В  О  Д  А  Я  Ф  И
В  Ю  В  А  Н  Л  Е  Д  Н  И  К  И  И  Я
Ъ  Я  Ж  Э  К  С  П  Е  Д  И  Ц  И  Я  Ь
И  С  С  Л  Е  Д  О  В  А  Т  Е  Л  Ь  Т
```

ЗАЛИВ	МИГРАЦИЯ
ЛЕД	МИНЕРАЛЫ
СОХРАНЕНИЕ	ТЕМПЕРАТУРА
ЭКСПЕДИЦИЯ	ТОПОГРАФИЯ
СКАЛИСТЫЙ	ПТИЦЫ
ИССЛЕДОВАТЕЛЬ	ВОДА
ГЕОГРАФИЯ	ПОГОДА
ЛЕДНИКИ	ВЕТРЫ
ПОЛУОСТРОВ	НАУЧНЫЙ
ОСТРОВА	

35 - Fahren

```
Т  А  А  О  Н  Ц  Н  П  Д  Ж  М  Л  С  Я
Р  В  В  П  А  Ю  Щ  Т  В  М  О  И  К  Г
А  Т  Т  А  В  Ъ  Р  У  И  Г  Т  Ц  О  Р
Н  О  О  С  Р  Р  У  Н  Ж  М  О  Е  Р  У
С  М  Б  Н  Я  И  Щ  Н  Е  М  Ц  Н  О  З
П  О  У  О  Ф  Л  Я  Е  Н  К  И  З  С  О
О  Б  С  С  П  М  Щ  Л  И  И  К  И  Т  В
Р  И  Л  Т  Ч  О  Т  Ь  Е  В  Л  Я  Ь  И
Т  Л  И  Ь  С  Т  О  П  Л  И  В  О  С  К
К  Ь  Ж  Ф  Ч  О  Р  Г  А  Р  А  Ж  Е  Х
Р  В  Ю  Щ  Г  Р  М  П  О  Л  И  Ц  И  Я
Ь  В  У  Л  Ч  А  О  Д  Ж  Ю  А  Ж  Ъ  Я
Щ  Я  О  Ж  Г  М  З  Ю  Б  О  Р  Я  М  В
Ш  Б  Б  Ш  Ц  К  А  Р  Т  А  Р  С  И  Ч
```

АВТОМОБИЛЬ	ЛИЦЕНЗИЯ
ТОРМОЗА	ГРУЗОВИК
ТОПЛИВО	МОТОР
АВТОБУС	МОТОЦИКЛ
ГАРАЖ	ПОЛИЦИЯ
ГАЗ	ТРАНСПОРТ
ОПАСНОСТЬ	ТУННЕЛЬ
СКОРОСТЬ	АВАРИЯ
КАРТА	ДВИЖЕНИЕ

36 - Bücher

```
Т Р А Г И Ч Е С К И Й О М П
И О И Г О М И И П Я Т М Ш И
Ц М А С Е Л С Т Р А Н И Ц А
Х А Р А К Т Е Р А В С В У К
Д Н А П И С А Н О Т Д О Ц О
К О Н Т Е К С Т С О Е Ы Д Л
Ю И Ъ Р У П Ч Т В Р С Л Ю Л
И С Т О Р И Я А Е Ж Е Щ Ь Е
Р А С С К А З Ч И К Р П Ы К
Э П И Ч Е С К И Й Г И О Н Ц
С Т И Х С Л О В А Р И Э Щ И
Б В Б Д Л У Ц Б М И Л З Ю Я
Ъ У П Р И К Л Ю Ч Е Н И Е И
Г Б Л У М Е С Т Н Ы Й Я Ф Ъ
```

ПРИКЛЮЧЕНИЕ	КОНТЕКСТ
АВТОР	ЧИТАТЕЛЬ
ХАРАКТЕР	ПОЭЗИЯ
ЭПИЧЕСКИЙ	УМЕСТНЫЙ
РАССКАЗЧИК	РОМАН
СТИХ	СТРАНИЦА
ИСТОРИЯ	СЕРИИ
НАПИСАНО	ТРАГИЧЕСКИЙ
КОЛЛЕКЦИЯ	СЛОВА

37 - Menschlicher Körper

```
С Ш Д Р Е Ь Ч Т С Е К Е Ш Л
Ч Е Л Ю С Т Ь Д Ш Б В С Е К
П К Р О В Ь Я Ю Я П Ь Н Я К
Л П О Д Б О Р О Д О К Р О Т
Е О Л И Ц О Ш Т Р М Н О С Ю
Ч Я К О Л Е Н О У О О Я В А
О Ч Х О Ш Р В П К З Г Ъ М К
Щ П Ь Г Т У Х О А Г А К И Ш
Е Л Т М М Ь Щ Ч Г Л С Ф К Ш
Г О Л О В А А Х Ь Н Е Щ Б Р
Я З Ы К О О Д Т Ъ К Щ Ц У Ъ
К О Ж А В Н У Ю Ю Ъ Е Х Щ Ш
С Ц Д С П Ш М О Ч Ц У Ь Н Ж
Л О Д Ы Ж К А Х Л Г Е Е Л Е
```

НОГА	ЧЕЛЮСТЬ
КРОВЬ	ПОДБОРОДОК
ЛОКОТЬ	КОЛЕНО
ПАЛЕЦ	ЛОДЫЖКА
МОЗГ	ГОЛОВА
ЛИЦО	РОТ
ШЕЯ	НОС
РУКА	УХО
КОЖА	ПЛЕЧО
СЕРДЦЕ	ЯЗЫК

38 - Klettern

```
П Е Ш И Й Т У Р И З М Ж Ш Д
В Ф И З И Ч Е С К И Й О Б Х
Л Ы Ъ Ш Ж Д А У З К И Й Д Д
Ю О С И Ы Д А Д Е О Е Ш П Ш
Б П Ж О Б У Ч Е Н И Е Л Е Ь
О Б Н Б Т А Т М О С Ф Е Р А
П Ф О Ж Ц А Ъ Ю Ц Ь М М Ч Ю
Ы Ь Ш Т П Е Щ Е Р А Е Р А Т
Т Ю Р Р И С И Л А Х Ъ Ш Т Щ
С И Г А Ъ Н П Ф Я М У Д К Ы
Т Г И В Р Э К С П Е Р Т И К
В Ч Ъ М Г Р Т И И Е Е В Ж Х
О Щ А А К А Р Т А Л Л Л Б Ф
С Т А Б И Л Ь Н О С Т Ь А С
```

АТМОСФЕРА
ОБУЧЕНИЕ
ЭКСПЕРТ
ПЕРЧАТКИ
ШЛЕМ
ВЫСОТА
ПЕЩЕРА
КАРТА

ЛЮБОПЫТСТВО
ФИЗИЧЕСКИЙ
УЗКИЙ
СТАБИЛЬНОСТЬ
СИЛА
БОТИНКИ
ТРАВМА
ПЕШИЙ ТУРИЗМ

39 - Landschaften

```
О  Ы  Ж  Е  Р  И  О  Щ  Г  Н  Д  Д  Б  И
Т  Г  Ы  Ю  Я  Ю  С  П  О  А  З  И  С  Я
У  Ф  В  С  А  Л  Т  Е  Р  Е  К  А  Ь  Ш
З  К  Ц  И  П  Ы  Р  Щ  А  Л  Я  Ц  Х  К
Х  А  Б  Я  Н  П  О  Е  Д  О  Л  И  Н  А
Б  О  Л  О  Т  О  В  Р  П  Л  Я  Ж  Е  Л
А  П  Л  И  Ш  Л  Ы  А  Н  И  Я  Ц  П  Е
Й  У  П  М  В  У  В  О  Д  О  П  А  Д  Д
С  С  А  О  Т  О  Ы  У  Щ  Ф  Щ  Л  Ц  Н
Б  Т  К  Р  У  С  С  Ч  Л  К  У  Б  В  И
Е  Ы  Ы  Е  Н  Т  Ы  Е  С  К  Е  Ю  Ж  К
Р  Н  Ы  Г  Д  Р  Ф  Ч  Ш  Л  А  Я  Я  Я
Г  Я  Е  Ы  Р  О  О  З  Е  Р  О  Н  С  Ю
Е  Ж  И  У  А  В  Г  Е  Й  З  Е  Р  Ь  Ю
```

ГОРА	МОРЕ
АЙСБЕРГ	ОАЗИС
РЕКА	ОЗЕРО
ГЕЙЗЕР	ПЛЯЖ
ЛЕДНИК	БОЛОТО
ЗАЛИВ	ДОЛИНА
ПОЛУОСТРОВ	ТУНДРА
ПЕЩЕРА	ВУЛКАН
ХОЛМ	ВОДОПАД
ОСТРОВ	ПУСТЫНЯ

40 - Abenteuer

```
В О З М О Ж Н О С Т Ь Ю П Б
Ь Ц Р Б М Д Д Р У З Ь Я Р Е
Б Е А Ж Ж Е С Ж Л Б Т Н И З
Б Х Д Ж Ъ Я Ь Х Л С Ц А Р О
Т Р О Б О Т Н У Ц Ъ У В О П
Р А С Щ Ц Е Е Ш У М Ч И Д А
У Б Т С Ж Л О Т В Я Щ Г А С
Д Р Ь Е Д Ь Б П М И У А Я Н
Н О В Ы Й Н Ы Ш А Н С Ц Н О
О С А Ы Щ О Ч Ч Р С М И С С
С Т Ц К Н С Н К Ш Ц Н Я К Т
Т Ь Ч Х В Т Ы С Р Ч О Ы Ц Ь
Ь Е Х Х Ж Ь Й Ж У В К Я Й Ж
К Р А С О Т А Т Т О Л Ю Л А
```

ДЕЯТЕЛЬНОСТЬ	НОВЫЙ
ШАНС	МАРШРУТ
РАДОСТЬ	КРАСОТА
ДРУЗЬЯ	ТРУДНОСТЬ
ОПАСНЫЙ	БЕЗОПАСНОСТЬ
ВОЗМОЖНОСТЬ	ХРАБРОСТЬ
ПРИРОДА	НЕОБЫЧНЫЙ
НАВИГАЦИЯ	

41 - Flugzeuge

```
Т Н П А С С А Ж И Р Ъ Ъ Л И
О А А Н Е Б О Е П О Г О Д А А
П Д В П Р И К Л Ю Ч Е Н И Е
Л У О Р Р Ь Щ Ъ В В С О З Ъ
И В Д О В А В Ы С О Т А А Д
В А О П М О В Ъ Ъ Г А Т Й В
О Т Р Е Б Х З Л А Ф К М Н И
Я Ь О Л Н Щ Я Д Е Г Ы О Т Г
Я Х Д Л С О Ы В У Н П С Э А
Ю В В Е С П Ъ Ъ Ш Х И Ф К Т
Г Д Ф Р Ю Н У Ь П Д Л Е И Е
М Щ Х Ы Ъ Щ Л С Б Я О Р П Л
И С Т О Р И Я Ь К Я Т А А Ь
В О З Д У Ш Н Ы Й Ш А Р Ж Я
```

ПРИКЛЮЧЕНИЕ
СПУСК
АТМОСФЕРА
НАДУВАТЬ
ВОЗДУШНЫЙ ШАР
ТОПЛИВО
ЭКИПАЖ
ДИЗАЙН
ИСТОРИЯ
НЕБО

ВЫСОТА
ВОЗДУХ
ДВИГАТЕЛЬ
ПАССАЖИР
ПИЛОТ
ПРОПЕЛЛЕРЫ
НАПРАВЛЕНИЕ
ВОДОРОД
ПОГОДА

42 - Haartypen

```
Б  Л  О  Н  Д  И  Н  Н  Д  Ж  А  Н  Р  Ч
Б  Л  Е  С  Т  Я  Щ  И  Й  Ю  Ж  К  М  Е
Ч  К  О  Р  И  Ч  Н  Е  В  Ы  Й  У  Я  Р
Т  О  Л  С  Т  Ы  Й  Щ  Б  Ъ  Л  Д  Г  Н
В  Р  П  П  Т  О  Н  К  И  Й  Ы  Р  К  Ы
К  О  С  Ы  Л  С  У  Х  О  Й  С  Я  И  Й
Р  Т  С  Ц  В  Е  Т  Н  О  Й  Ы  В  Й  Я
С  К  Я  Е  Л  Ы  Т  К  Л  Ж  Й  Ы  Ъ  О
Ь  А  А  Ъ  Р  Е  У  Е  Б  Ф  Л  Й  О  Я
Ю  Я  Ш  Д  Ч  Ы  Ы  П  Н  О  С  Ч  Л  Ю
Б  Е  Л  Ы  Й  В  Й  Н  Ц  Ы  Ы  Ю  Ж  Щ
Д  Л  И  Н  Н  Ы  Й  Ы  Р  Е  Й  Н  Ф  Н
К  У  Д  Р  И  Е  Д  С  Е  Р  Е  Б  Р  О
З  Д  О  Р  О  В  Ы  Й  Ю  Х  Т  С  Х  Ф
```

БЛОНДИН	КОРОТКАЯ
КОРИЧНЕВЫЙ	ДЛИННЫЙ
ТОЛСТЫЙ	КУДРИ
ТОНКИЙ	КУДРЯВЫЙ
ЦВЕТНОЙ	ЧЕРНЫЙ
ПЛЕТЕНЫЙ	СЕРЕБРО
ЗДОРОВЫЙ	СУХОЙ
БЛЕСТЯЩИЙ	МЯГКИЙ
СЕРЫЙ	БЕЛЫЙ
ЛЫСЫЙ	КОСЫ

43 - Essen #1

```
Х  Я  А  М  Я  М  О  Р  К  О  В  Ь  Х  Ъ
Ж  Ы  Р  И  С  О  Л  Ь  Щ  Щ  Щ  Н  Т  Ю
М  А  А  Ч  К  Л  У  Б  Н  И  К  А  С  К
В  Я  Х  Х  О  О  К  С  Ч  С  А  Л  А  Т
Л  Ц  И  К  Ф  К  Л  К  Р  Е  П  А  Х  Н
Ц  И  С  К  Е  О  С  У  П  Ж  С  Ц  А  О
Ш  М  М  Г  Р  У  Ш  А  Ш  М  О  Н  Р  О
Б  Г  Т  О  М  Я  С  О  П  П  К  И  О  Б
Г  А  Т  У  Н  Е  Ц  У  И  Я  О  Е  П  К
Г  Я  З  М  Ь  Д  Ф  Х  Н  Ъ  Р  Ъ  Ж  Ж
У  Б  Б  И  Ц  Е  Т  Л  А  П  И  Ш  Р  Х
Ц  Я  Е  У  Л  Щ  О  И  Т  К  Ц  Р  Г  С
Х  Ф  Л  Ь  Л  И  Ж  Ш  Г  Ш  А  М  Р  Г
У  А  Х  Ч  Ы  К  К  Ы  Ш  М  Ф  Ш  Р  С
```

БАЗИЛИК	СОК
ГРУША	САЛАТ
КЛУБНИКА	СОЛЬ
АРАХИС	ШПИНАТ
МЯСО	СУП
КОФЕ	ТУНЕЦ
МОРКОВЬ	КОРИЦА
ЧЕСНОК	ЛИМОН
МОЛОКО	САХАР
РЕПА	ЛУК

44 - Gebäude

```
О  К  Ы  Г  Щ  Б  Б  Ъ  А  П  Е  Г  С  З
Ф  Б  О  Л  Ь  Н  И  Ц  А  О  Л  А  Т  А
Е  А  Щ  О  Т  Е  Л  Ь  Я  С  Щ  Р  А  В
Р  Ш  А  Е  К  Ч  Г  С  Д  О  М  А  Д  О
М  Н  Я  М  Ж  Х  Т  Ц  Р  Л  У  Ж  И  Д
А  Я  О  Ю  Б  И  Х  С  С  Ь  З  К  О  С
Ш  Ж  Ы  Т  Е  А  Т  Р  Щ  С  Е  С  Н  Л
Ш  А  В  Ф  И  Е  Р  И  И  Т  Й  Е  Ж  А
Х  К  И  Н  О  О  П  Ц  Е  В  В  С  Ь  А
М  И  О  Ц  Б  Я  В  В  Б  О  К  С  В  Х
О  Ц  Т  Л  А  Б  О  Р  А  Т  О  Р  И  Я
Б  Л  М  Х  А  И  Б  П  А  Л  А  Т  К  А
О  Б  С  Е  Р  В  А  Т  О  Р  И  Я  У  Ш
У  Н  И  В  Е  Р  С  И  Т  Е  Т  А  У  Х
```

ФЕРМА	МУЗЕЙ
ПОСОЛЬСТВО	ОБСЕРВАТОРИЯ
ЗАВОД	АМБАР
ГАРАЖ	ШКОЛА
ДОМ	СТАДИОН
ОБЩЕЖИТИЕ	ТЕАТР
ОТЕЛЬ	БАШНЯ
КИНО	УНИВЕРСИТЕТ
БОЛЬНИЦА	ПАЛАТКА
ЛАБОРАТОРИЯ	

45 - Angeln

```
О П Р Е У В Е Л И Ч Е Н И Е
О К В О Д А П Л Я Ж Ц Г К О
Б О Е Ж Р И Р В Е С Ж Ш Б З
О Р Х А Х О И Р Ь С Д В Я Е
Р З Р Б Н Ъ М Л О Х Е Ъ У Р
У И В Р Т К А О Д С Г З Г О
Д Н Л Ы Е Б Н Д М Ф И Ъ О Ж
О А Ц К Р Ю К К Т С Ш Ь Г Н
В Д Ь В П Е А А Я Л Г Н Ф Б
А Я Ж Р Е Ь К Ч Е Л Ю С Т Ь
Н Ы Ж Ж Н Д Р А Л М О Г Т П
И И Т Ь И П Л А В Н И К И Ь
Е Я Щ В Е С Ы О О Я К Щ Ц Д
П О В А Р П Р О В О Д Н Ф Ж
```

ОБОРУДОВАНИЕ	ЖАБРЫ
ЛОДКА	ПОВАР
ПРОВОД	КОРЗИНА
ПЛАВНИКИ	ПРИМАНКА
РЕКА	ОКЕАН
ТЕРПЕНИЕ	ОЗЕРО
ВЕС	ПЛЯЖ
КРЮК	ПРЕУВЕЛИЧЕНИЕ
СЕЗОН	ВЕСЫ
ЧЕЛЮСТЬ	ВОДА

46 - Regenwald

```
М О Н Ф К Д Ф Ы Н Ц У Ц Д Ф
В Л Н А Р Л Л К Я П В Е Ж Н
Ы Щ Е Б В М И Т Г Ш А Н У А
Ж Б О К Ц О А М Я Л Ж Н Н С
И Т Ц А О Х П Ч А Ь Е Ы Г Е
В И Д М Б П Р П Ц Т Н Й Л К
А В М Ф Л Д И Ц М Д И К И О
Н Н У И А И Р Т Д О Е Ц Ч М
И Щ Ы Б К С О Т А П Т И Ц Ы
Е Ы Т И А Ы Д Р Ы Ю Ц Г К Е
Р Я И И С М А С Л Ы Щ В У П
П Р А З Н О О Б Р А З И Е О
С О О Б Щ Е С Т В О В Х Е О
Б О Т А Н И Ч Е С К И Й Щ Н
```

АМФИБИИ	ПРИРОДА
ВИД	УВАЖЕНИЕ
БОТАНИЧЕСКИЙ	МЛЕКОПИТАЮЩИЕ
ДЖУНГЛИ	ВЫЖИВАНИЕ
СООБЩЕСТВО	РАЗНООБРАЗИЕ
НАСЕКОМЫЕ	ПТИЦЫ
КЛИМАТ	ЦЕННЫЙ
МОХ	ОБЛАКА

47 - Essen #2

```
Ц Б А Н А Н Д Р Б Д П Л Я С
С Ы Р И Т Ц С И Р Ш Ш Ц Й О
Л Б Т Ф Щ Ь П Е О Ц Е Г Ц Ш
Б Р И П Р С К Х К Ш Н Б О Х
О Ц Ш Ш К Д В Л К Г И А К С
Х О О П О М И Д О Р Ц К О А
Б Л К Х У Ш Ш Щ Л Ш А Л Д Я
О В Е Т Ч И Н А И Ы Ъ А Ц С
Ф М Ы Б Ч Ч Я Ф Й О Р Ж Ш П
Ш О К О Л А Д Щ С О В А И А
К С Е Л Ь Д Е Р Е Й Г Н Ж Р
Я Б Л О К О Ж Ы И Ш Е У Х Ж
Г Р И Б К Н Ь Б Д С Х Б Р А
Ж К Б М И Н Д А Л Ь У Ы А Т
```

ЯБЛОКО	ВИШНЯ
АРТИШОК	МИНДАЛЬ
БАКЛАЖАН	ГРИБ
БАНАН	РИС
БРОККОЛИ	ВЕТЧИНА
ХЛЕБ	ШОКОЛАД
ЯЙЦО	СЕЛЬДЕРЕЙ
РЫБА	СПАРЖА
ЙОГУРТ	ПОМИДОР
СЫР	ПШЕНИЦА

48 - Familie

```
К  У  О  Б  Ю  Е  Т  Б  Р  А  Т  Р  Ъ  Ф
В  Я  Т  Т  Ю  Т  Ы  Д  Е  Т  С  Т  В  О
К  Ч  Е  Ю  Ц  П  Ш  Ц  Б  Д  О  Ч  Ь  А
Х  Я  Ц  К  А  О  Ъ  Б  Е  Е  Т  М  М  Б
П  Р  Е  Д  О  К  В  Е  Н  Д  Я  Ь  А  А
Л  Д  Я  Д  Я  Х  Н  С  О  Е  Х  Д  Т  Б
Е  С  Ж  Ф  Т  Ф  У  О  К  Т  Х  Н  Е  У
М  Ж  Е  Г  Н  Ь  К  Н  Щ  И  А  В  Р  Ш
Я  Ф  Л  С  Ф  О  Л  Р  В  К  Й  И  И  К
Н  Я  Г  И  Т  Ы  Ж  Ы  М  У  Ж  Е  Н  А
Н  Ч  Т  М  Ы  Р  А  Е  Ж  А  Ц  Г  С  Ж
И  О  Ъ  Ы  Я  С  А  У  Ш  Ы  Т  Ш  К  Ь
К  Ю  М  Т  Е  Т  Я  А  Ы  Г  Т  Ь  И  А
П  Л  Е  М  Я  Н  Н  И  Ц  А  В  У  Й  Х
```

БРАТ	МАТЕРИНСКИЙ
ЖЕНА	ПЛЕМЯННИК
МУЖ	ПЛЕМЯННИЦА
ВНУК	ДЯДЯ
БАБУШКА	СЕСТРА
ДЕД	ТЕТЯ
РЕБЕНОК	ДОЧЬ
ДЕТИ	ОТЕЦ
ДЕТСТВО	ОТЦОВСКИЙ
МАТЬ	ПРЕДОК

49 - Pflanzen

```
А А Р Л Я У Ы И Б В Ф Ч В К
Г Я Л Е С Д Б Ш А Т А Ь Л У
Е М Т П Ж О О М М Р К Я И С
Ф Х В Е С Б Б Д Б А Ю А С Т
О Л Я С Г Р К А У В Т Ж Т П
П И Ъ Т Ц Е Г А К А Т Ю Л Л
Е С У О Т Н У С К К П Е Щ Ю
Я Т Р К Г И Г О А Т М Л К Щ
Г В П Б Х Е Ф Л П Д У О К И
О А Х К Ы Ы Л Н Ъ Ц Ы С Х В
Д Е Р Е В О О Ц В Е Т О К Ж
А Я Х Б К О Р Е Н Ь Ш Г Ь Е
Т Б Щ Б О Т А Н И К А Щ Ы Ф
Ц У Ы Ъ К Ж И У Ь Ь Л Ш Т Ф
```

БАМБУК	ПЛЮЩ
ДЕРЕВО	ФЛОРА
ЯГОДА	САД
ЛИСТ	ТРАВА
ЦВЕТОК	КАКТУС
ЛЕПЕСТОК	ЛИСТВА
БОБ	МОХ
БОТАНИКА	СОЛНЦЕ
КУСТ	ЛЕС
УДОБРЕНИЕ	КОРЕНЬ

50 - Kunst

```
С К Д П С К У Л Ь П Т У Р А
В И З У А Л Ь Н Ы Й В Щ И Р
Н Н М М И З О Б Р А Ж А Т Ь
Ш Д Р В У А О Ж А Ъ М Ю А Р
В Г К М О У Ъ К Н М Р Г Ы Д
П Ы С Т Ч Л Н Ф Я Ы Ж Ь И С
М Щ Р П Р О С Т О Й Й В Е Б
С Ф Ц А Ч Е С Т Н Ы Й Н П Б
О Г Х Р Ж Т О Р И Г И Н А Л
С С Ю Р Р Е А Л И З М Я С Ь
Т Г Ь Ф В М Н П О Э З И Я Ч
А Я К Е Р А М И Ч Е С К И Й
В Ъ Н А С Т Р О Е Н И Е Л И
В Д О Х Н О В Л Е Н Н Ы Й П
```

ВЫРАЖЕНИЕ	ПОЭЗИЯ
ЧЕСТНЫЙ	ИЗОБРАЖАТЬ
ПРОСТОЙ	СКУЛЬПТУРА
ТЕМА	НАСТРОЕНИЕ
ВДОХНОВЛЕННЫЙ	СЮРРЕАЛИЗМ
КЕРАМИЧЕСКИЙ	СИМВОЛ
СЛОЖНЫЙ	ВИЗУАЛЬНЫЙ
ОРИГИНАЛ	СОСТАВ

51 - Gewürze

Ь	П	Ж	Ф	Я	И	В	К	У	С	Б	Г	Ш	Х
Ч	Е	С	Н	О	К	М	А	К	О	Р	И	Ц	А
О	Р	Л	К	Ц	Ф	Н	Б	Н	Ц	С	Ч	Ж	Ъ
Н	Е	А	Н	И	С	Я	Ь	И	И	О	Ю	Ы	Я
Ф	Ц	Д	Ш	А	Ф	Р	А	Н	Р	Л	Т	У	Ц
Е	Б	К	А	Р	Р	И	М	Ь	М	Ь	Ь	О	Р
Н	С	И	М	К	Т	Л	Л	Т	Х	Ъ	М	Н	Ф
Х	Ф	Й	Ф	А	М	Г	В	О	З	Д	И	К	А
Е	П	А	П	Р	И	К	А	Л	У	К	Р	У	Щ
Л	Ч	Ы	Г	Д	Н	П	И	Х	К	И	Ш	Ц	Ш
Ь	Ш	М	Е	А	Ж	М	Ы	С	Ч	Е	Е	Р	Ф
П	У	Ш	Ь	М	Н	У	С	О	Л	О	Д	К	А
Ъ	Я	Х	Г	О	Р	Ь	К	И	Й	Ы	О	Ы	Ъ
Б	Х	У	Ш	Н	Ъ	А	Ь	Ч	В	Ы	Й	И	П

АНИС	ГВОЗДИКА
ГОРЬКИЙ	ПАПРИКА
КАРРИ	ПЕРЕЦ
ФЕНХЕЛЬ	ШАФРАН
ВКУС	СОЛЬ
ИМБИРЬ	КИСЛЫЙ
КАРДАМОН	СЛАДКИЙ
ЧЕСНОК	ВАНИЛЬ
ТМИН	КОРИЦА
СОЛОДКА	ЛУК

52 - Gemüse

```
Б П Е Т Р У Ш К А У Г Ц И Т
Ж Р Р Д Н Ы В Р П Ч Н У М Ы
У Е О Л И В К А О Л У К Б К
А П С К Ъ Г А Ы М Ш А К И В
М А Р Н К Е С Я И Г Р И Р А
Ю О Б Ь А О А Ш Д Р Т Н Ь Г
Я Ч Р Ч Р Б Л П О И И И Ц О
Т Ф Н К Т Щ А И Р Б Ш Д Д Р
Ч Е С Н О К Т Н Ц А О Н Ь О
У А О И Ф В Б А Л Б К К Ь Х
Ц Ц М Ю Е Л Ь Т О Г У Р Е Ц
Ш М Ю Ю Л С Е Л Ь Д Е Р Е Й
Ж Т У Х Ь Б А К Л А Ж А Н Ю
С Т Ю О М Ъ Г Щ Т А М А Р Ж
```

АРТИШОК	ОЛИВКА
БАКЛАЖАН	ПЕТРУШКА
БРОККОЛИ	ГРИБ
ГОРОХ	РЕПА
ОГУРЕЦ	САЛАТ
ИМБИРЬ	СЕЛЬДЕРЕЙ
МОРКОВЬ	ШПИНАТ
КАРТОФЕЛЬ	ПОМИДОР
ЧЕСНОК	ЦУККИНИ
ТЫКВА	ЛУК

53 - Katzen

```
О  С  У  М  А  С  Ш  Е  Д  Ш  И  Й  Х  Л
Х  Ю  М  З  О  С  П  А  Т  Ь  Г  Д  В  Ю
О  Ь  Ы  Е  А  Н  Ю  Х  Я  Д  Р  Ж  О  Б
Т  Ы  Ш  Ь  Ш  С  Т  Ъ  М  Х  И  О  С  О
Н  Щ  Ь  Ы  Г  Н  Т  Ч  Ф  Т  В  Ж  Т  П
И  Б  Ы  С  Т  Р  О  Е  Р  Ч  Ы  А  Ъ  Ы
К  Д  И  К  И  Й  В  Й  Н  А  Й  Ы  Ы  Т
Ю  Ф  Ы  Г  У  У  Б  Ъ  Л  Ч  Ъ  Г  У  Н
П  Р  Я  Ж  А  Ж  Ч  С  К  Б  И  Я  Ъ  Ы
С  Ь  М  Л  И  Ч  Н  О  С  Т  Ь  В  Ф  Й
Ы  Н  Е  З  А  В  И  С  И  М  Ы  Й  Ы  Я
Т  Ь  Х  Б  М  П  Л  Ю  Б  Я  Щ  И  Й  Й
И  Ж  П  А  Ь  М  А  Л  Е  Н  Ь  К  И  Й
К  О  Г  О  Т  Ь  Д  О  О  М  Ю  Д  А  К
```

МЕХ	СПАТЬ
ПРЯЖА	БЫСТРО
ОХОТНИК	ЗАСТЕНЧИВЫЙ
СМЕШНОЙ	ХВОСТ
КОГОТЬ	НЕЗАВИСИМЫЙ
ЛЮБЯЩИЙ	СУМАСШЕДШИЙ
МЫШЬ	ИГРИВЫЙ
ЛЮБОПЫТНЫЙ	МАЛЕНЬКИЙ
ЛИЧНОСТЬ	ДИКИЙ
ЛАПА	

54 - Tanzen

```
Т  К  У  Л  Ь  Т  У  Р  А  Д  Г  О  Г  Ц
У  Р  Л  П  А  Р  Т  Н  Е  Р  Я  В  О  Н
Ы  Ю  А  А  Л  Р  Ж  Ъ  Э  М  О  Ц  И  Я
К  Е  И  Д  С  Л  С  Т  Д  У  К  М  С  А
А  У  Г  П  И  С  Р  М  В  З  Ц  Н  К  Ф
К  Б  Л  М  Л  Ц  И  Л  И  Ы  У  Щ  У  Р
А  М  У  Ь  Т  В  И  Ч  Ж  К  Ц  Я  С  А
Д  Б  Я  Ь  Т  Е  Л  О  Е  А  Х  Ш  С  Д
Е  О  Д  Х  Ф  У  Н  Ю  Н  С  Ы  Ш  Т  О
М  Я  П  Х  Ъ  Л  Р  Ь  И  Н  К  Ш  В  С
И  Т  О  Д  М  Щ  И  Н  Е  Ц  Ы  И  О  Т
Я  Д  З  М  Е  Д  Т  Ш  Ы  Ш  Е  Й  Й  Н
Г  Р  А  Ц  И  Я  М  Ы  Р  Й  Н  У  И  Ы
С  Б  Ж  Р  Е  П  Е  Т  И  Ц  И  Я  Т  Й
```

АКАДЕМИЯ	КУЛЬТУРА
ГРАЦИЯ	КУЛЬТУРНЫЙ
ДВИЖЕНИЕ	ИСКУССТВО
ЭМОЦИЯ	МУЗЫКА
РАДОСТНЫЙ	ПАРТНЕР
ПОЗА	РЕПЕТИЦИЯ
КЛАССИЧЕСКИЙ	РИТМ
ТЕЛО	ТРАДИЦИОННЫЙ

55 - Ernährung

```
Ъ Ш Ц Ч Ю Ь К Н Ж Н А П Ы М
С С У Р А Б Ы М Ю У Ь М Ч Л
У Ф Г Ъ Х С О У С Т З У Н Е
Б Е Л К И З Т Ы В Р Д Е Д Б
Ж Р Е Б Г Д Л Ь Н И О Ъ И С
Д М В Щ Л О Б Ы Ф Е Р К Е Ъ
Т Е О С Ц Р Р Ф Х Н О А Т Е
О Н Д В С О А Ь Р Т В Л А Д
К Т Ы Е И В М Д К К Ы О Т О
С А Ц С Ф Ь Ю И Ц И Й Р Д Б
И Ц К А Ч Е С Т В О Й И Х Н
Н И В К У С А П П Е Т И Т Ы
Ч Я У Р У А Б Х Л О П Ь Я Й
П И Щ Е В А Р Е Н И Е П П Ы
```

АППЕТИТ	КАЛОРИИ
ГОРЬКИЙ	УГЛЕВОДЫ
ДИЕТА	НУТРИЕНТ
СЪЕДОБНЫЙ	ЧАСТЬ
ФЕРМЕНТАЦИЯ	БЕЛКИ
ВКУС	КАЧЕСТВО
ЗДОРОВЫЙ	СОУС
ЗДОРОВЬЕ	ТОКСИН
ХЛОПЬЯ	ПИЩЕВАРЕНИЕ
ВЕС	

56 - Technologie

```
А  М  У  И  Ч  В  Ф  К  Ф  Щ  Ц  Х  Ь  Б
Я  В  И  Р  У  С  А  А  Ш  Р  И  Ф  Т  Е
Н  К  Ю  И  Ф  Ъ  Й  М  Ф  С  Ф  С  И  З
К  У  Р  С  О  Р  Л  Е  Ц  А  Р  О  С  О
Р  С  Я  Ш  И  А  В  Р  О  К  О  О  С  П
Я  Т  С  К  Б  Н  Т  А  П  Г  В  Б  Л  А
Б  А  Й  Т  О  В  Т  Б  Ю  У  О  Щ  Е  С
Л  Т  Ж  Ю  М  У  Е  Н  Р  Й  Е  Д  Н
О  И  М  Л  Ю  Б  П  Ю  Р  К  А  Н  О  О
Г  С  Э  К  Р  А  Н  Ь  Х  Н  Ш  И  В  С
И  Т  Ж  У  Щ  С  Е  Щ  Ю  Н  Е  Е  А  Т
П  И  Р  Ч  А  Ц  Щ  Ф  Ф  Т  С  Т  Н  Ь
А  К  Б  Р  А  У  З  Е  Р  А  Е  Т  И  Ь
Щ  А  Д  А  Н  Н  Ы  Е  Х  Ф  С  Р  Е  Д
```

ЭКРАН	ИССЛЕДОВАНИЕ
БЛОГ	ИНТЕРНЕТ
БРАУЗЕРА	КАМЕРА
БАЙТОВ	СООБЩЕНИЕ
КОМПЬЮТЕР	ШРИФТ
КУРСОР	БЕЗОПАСНОСТЬ
ФАЙЛ	СТАТИСТИКА
ДАННЫЕ	ВИРУС
ЦИФРОВОЙ	

57 - Wasser

```
О Д М И Д Б В П Ж Б Я О В Н
Р О О Ж Г Ы К М Г Т А Н Ю А
О З Р Ж М У С С О Н Д У Ш В
Ш Е О А Д У О С К А Н А Л О
Е Р З Х И Ь К Н Е П И Г У Д
Н О В О Л Н Ы Е А И С Е Р Н
И П А Р Е К А Г Н Т П Й А Е
Е А Ц Щ Ч Л Е Д А Ь А З Г Н
Ц В И У М Ф Т Ф О Е Р Е А И
В Л А Ж Н О С Т Ь В Е Р Н Е
Р Л Д О Ф И С Ь М О Н Ш Ы С
И М Ъ В Х Ч О Я К Й И Е Т П
Ь О Ж Ь Ы Ъ Ы Ъ Б Щ Е М М У
Ъ Ю Ъ Е С Ь Н О Ь Т К И Е Ы
```

ОРОШЕНИЕ	КАНАЛ
ПАР	МУССОН
ДУШ	ОКЕАН
ЛЕД	ДОЖДЬ
ВЛАЖНОСТЬ	СНЕГ
РЕКА	ОЗЕРО
НАВОДНЕНИЕ	ПИТЬЕВОЙ
МОРОЗ	ИСПАРЕНИЕ
ГЕЙЗЕР	ВОЛНЫ
УРАГАН	

58 - Science Fiction

```
Т  Э  Т  Щ  Ч  В  У  Т  О  П  И  Я  У  Г
Е  К  К  У  А  О  П  Ж  Ь  Ш  К  Ы  Л  А
Х  Н  Р  С  Н  О  У  Ъ  Я  П  Ш  Ч  Г  Л
Н  И  О  Ц  Т  Б  Е  Г  Ю  Я  Ц  Ы  С  А
О  Г  М  Е  И  Р  И  Л  Л  Ю  З  И  Я  К
Л  И  А  Н  У  А  Е  Ь  В  В  Л  О  Ю  Т
О  К  Н  А  Т  Ж  О  М  А  И  П  Г  Р  И
Г  В  Ы  Р  О  А  А  Р  А  Ф  Х  О  О  К
И  З  М  И  П  Е  Ъ  Т  А  Л  П  Н  Б  А
Я  Р  И  Й  И  М  Б  Ы  О  К  Ь  Ь  О  Ю
С  Ы  Р  С  Я  Ы  Г  Р  А  М  У  Н  Т  Х
Ю  В  Ъ  Р  Ь  Й  К  И  Н  О  Н  Л  Ы  Ш
А  П  Л  А  Н  Е  Т  А  Х  Ь  Ч  Ы  С  Й
Т  А  И  Н  С  Т  В  Е  Н  Н  Ы  Й  Й  Т
```

АТОМНЫЙ
КНИГИ
АНТИУТОПИЯ
ВЗРЫВ
ЭКСТРЕМАЛЬНЫЙ
ОГОНЬ
ГАЛАКТИКА
ТАИНСТВЕННЫЙ
ИЛЛЮЗИЯ
ВООБРАЖАЕМЫЙ

КИНО
ОРАКУЛ
ПЛАНЕТА
РОБОТЫ
РОМАНЫ
СЦЕНАРИЙ
ТЕХНОЛОГИЯ
УТОПИЯ
МИР

59 - Haustiere

Ф	Я	В	Д	Ж	Х	Ч	В	О	Д	А	В	Г	В
А	У	Ш	Г	Ю	В	Е	Е	С	К	А	Т	Ц	Н
К	О	Г	Т	И	О	Р	Т	О	О	В	Д	И	Е
Ц	О	Ю	Ы	Х	С	Е	Е	Б	Р	О	Ю	Я	Д
П	Б	Ш	Б	Ч	Т	П	Р	А	О	Р	Ы	Б	А
Ж	Я	Ъ	К	С	П	А	И	К	В	О	Г	Ш	П
Х	П	К	Ж	А	О	Х	Н	А	А	Т	Ш	С	О
Я	О	Д	Г	Р	Ч	А	А	Щ	Е	Н	О	К	В
Щ	П	М	Ы	Ш	Ь	К	Р	О	Л	И	К	К	О
Е	У	Д	Я	Ч	Ъ	П	Р	Ч	А	К	Ю	О	Д
Р	Г	С	Р	К	О	О	К	Х	П	Щ	П	З	О
И	А	Д	Ж	Ж	В	В	У	Ь	Ы	А	Д	А	К
Ц	Й	И	О	И	Х	Ш	С	Ю	Л	Н	Д	Е	Р
А	Б	О	М	Щ	Л	Ш	У	Т	Н	П	Ц	Ф	Ф

ЯЩЕРИЦА	ПОВОДОК
ЕДА	МЫШЬ
РЫБА	ПОПУГАЙ
ХОМЯК	ЛАПЫ
КРОЛИК	ЧЕРЕПАХА
СОБАКА	ХВОСТ
КОШКА	ВЕТЕРИНАР
ВОРОТНИК	ВОДА
КОГТИ	ЩЕНОК
КОРОВА	КОЗА

60 - Geburtstag

```
В А Ц Д Р Я Б Т Ь Ц В П М К
К Е Л И Т О Х Я Б П Р О О А
Х А С В Е Ч И Х Н С Е Д Л Л
Л Д Р Е Н Ч Г О Д Т М А О Е
Л О Ы Т Л Ш Ь С Д А Я Р Д Н
А Ъ Ь Н Ы Ь И О Б Р Г О О Д
К А Ч Д Щ Т Е Б А Ш У К Й А
Р А Д О С Т Н Ы Й И Ф З А Р
Ю Г Ы Д Е Н Ь Й И Й М Ц Ь Ь
Р О Ж Д Е Н Н Ы Й Т О Р Т Я
П Р И Г Л А Ш Е Н И Я Ш Ш Я
М У Д Р О С Т Ь Ф П Е С Н Я
С Ч А С Т Л И В Ы Й А К Л М
П Р А З Д Н О В А Н И Е Ф Д
```

СТАРШИЙ	КАЛЕНДАРЬ
ПРИГЛАШЕНИЯ	КАРТЫ
ПРАЗДНОВАНИЕ	СВЕЧИ
РАДОСТНЫЙ	ТОРТ
ДРУЗЬЯ	ПЕСНЯ
РОЖДЕННЫЙ	ВЕСЕЛЬЕ
ПОДАРОК	ОСОБЫЙ
СЧАСТЛИВЫЙ	ДЕНЬ
ГОД	МУДРОСТЬ
МОЛОДОЙ	ВРЕМЯ

61 - Literatur

```
Ь Ц Х Т Я Ш Б Р Р Х Ф Б У Ж
С Ц Ц Ъ Д Ш Х П О Э Т И К А
Т Ъ Ф Ь Р Щ Ф Т М Х Т О О Ы
У О Л У Т И Д И А Л О Г В А
С А В Т О Р Ф П Н Д Щ Р М Н
Т Н Н Н Т У Х М Я Ю Ш А Е А
И Е П А Г С Г Л А Ю Т Ф Ц Л
Л К Я М Л Т Е М А Ж Р И М О
Ь Д Ж С Ъ И Щ А С Л А Я Я Г
А О Б Р Г Х З Ч Ы Ъ Г Н У И
И Т М Е Т А Ф О Р А Е Ю Р Я
Р А С С К А З Ч И К Д Ф Я П
О П И С А Н И Е Т Ч И Ю П Ш
У Х Л Ы М Ы В У М С Я Ц У Ъ
```

АНАЛОГИЯ	ЖАНР
АНАЛИЗ	МЕТАФОРА
АНЕКДОТ	ПОЭТИКА
АВТОР	РИФМА
ОПИСАНИЕ	РИТМ
БИОГРАФИЯ	РОМАН
ДИАЛОГ	СТИЛЬ
РАССКАЗЧИК	ТЕМА
СТИХ	ТРАГЕДИЯ

62 - Wandern

Т	М	Т	Н	Л	Ж	С	Е	Н	П	И	Ы	Д	У
Ж	Я	О	Р	И	Е	Н	Т	А	Ц	И	Я	И	С
И	К	Ж	Х	Ф	Ш	Ь	П	А	Р	К	И	К	Т
В	Л	К	Е	Г	О	Ю	О	Л	М	А	Г	И	А
О	И	Е	П	Л	Е	О	Г	И	П	Р	А	Й	Л
Т	М	М	П	В	Ы	Ш	О	Г	У	Т	Е	С	Ы
Н	А	П	Е	Л	Ф	Й	Д	Б	Т	А	И	Ъ	Й
Ы	Т	И	С	Г	О	П	А	С	Н	О	С	Т	И
Е	С	Н	Б	О	Т	И	Н	К	И	Ж	А	К	Ш
Ц	Е	Г	Б	Р	Л	Н	И	Б	Ы	Ф	М	Р	Щ
А	Ы	И	К	А	М	Н	И	В	Щ	Е	М	Щ	Ш
П	Р	И	Р	О	Д	А	Ц	И	О	Х	И	Б	Р
В	Ъ	Ц	Ы	Ъ	Е	Е	Е	Е	О	Д	Т	Б	К
Д	П	О	Д	Г	О	Т	О	В	К	А	А	А	У	Ф

ГОРА
КЕМПИНГ
ОПАСНОСТИ
САММИТ
КАРТА
КЛИМАТ
УТЕС
УСТАЛЫЙ
ПРИРОДА
ОРИЕНТАЦИЯ

ПАРКИ
ТЯЖЕЛЫЙ
СОЛНЦЕ
КАМНИ
БОТИНКИ
ЖИВОТНЫЕ
ПОДГОТОВКА
ВОДА
ПОГОДА
ДИКИЙ

63 - Länder #2

```
С Ы У Ь Е Д С К Б Ъ Ч Р Н Г
У Г А И Т И И Е К К Я Ц У И
Д В Ь И Ъ У Р Н Н Е Ь Я Г Р
А Р Е Щ Р Я И И Б Н Е П А Л
Н Х М Ч Х Я Я Я Ю Ж К О Н А
Ч Э Я Е У К Р А И Н А Н Д Н
Л Ф П А К И С Т А Н К И А Д
И И Ф Р О С С И Я Ь Ш Я Л И
Ь О Б Р О Н И Г Е Р И Я Б Я
Р П Ы Е А К В К Ч В Н М А Н
Ы И И Ж Р Н Р Ц А Б Ъ А Н Я
Т Я Ю О Х И Ц Л А О С Й И К
Г Р Е Ц И Я Я И Ш О И К Я О
Н Ж Т Я Р Р А Ч Я Ю Д А Г Ы
```

АЛБАНИЯ	ЛИБЕРИЯ
ЭФИОПИЯ	МЕКСИКА
ФРАНЦИЯ	НЕПАЛ
ГРЕЦИЯ	НИГЕРИЯ
ГАИТИ	ПАКИСТАН
ИРЛАНДИЯ	РОССИЯ
ЯМАЙКА	СУДАН
ЯПОНИЯ	СИРИЯ
КЕНИЯ	УГАНДА
ЛАОС	УКРАИНА

64 - Fahrzeuge

```
В И К Ф Ы П Т У М Ю Ф Щ Ю С
Т Е А С Г О А Ш Е Н А М Б А
Р У Р Х Л Н К С Т Т Ц Д П М
А Л А Т Г Ч С Ф Р Х Ы Ь М О
К Ы В Х О Н И О О Д Д Л О Л
Т И А А О Л С К У Т Е Р Т Е
О Г Н Т Г Г Е А Ь Щ И Ж О Т
Р Р А К Е Т А Т В Е Ч Г Р Щ
Ф У Р Г О Н С П Л Т П Л О Т
Ш З Д П П М Х О П Е О Е Р Ч
Л О Д К А Я Т Е Г С Т Б Ы Ш
Б В Ш Ш Д Р Д З Т Ц Ь Н У Д
Ш И Н Ы Я Ж О Д Ю Т О К Ы С
Р К Н А В Т О М О Б И Л Ь Б
```

АВТОМОБИЛЬ	РАКЕТА
ЛОДКА	ШИНЫ
АВТОБУС	СКУТЕР
ПАРОМ	ТАКСИ
ПЛОТ	ТРАКТОР
САМОЛЕТ	МЕТРО
ВЕРТОЛЕТ	ФУРГОН
ГРУЗОВИК	КАРАВАН
МОТОР	ПОЕЗД

65 - Badezimmer

А	Г	Т	Л	Ы	К	Д	Н	Л	П	В	Х	В	Г
Г	А	У	Л	Ч	Ш	Р	О	О	О	Н	О	Щ	Ц
Ъ	У	А	В	Ч	А	Ь	Ж	С	Л	М	Ч	П	И
Ж	Д	Л	Р	Ц	М	К	Н	Ь	О	Д	Ы	Щ	Н
Я	У	Е	Б	Е	П	Ъ	И	О	Т	У	Я	Л	Щ
Ч	Ш	Т	Ш	П	У	Ъ	Ц	Н	Е	Ц	Я	У	О
С	К	Щ	Ы	К	Н	З	Ы	Я	Н	Д	В	Ш	Ж
В	О	Д	А	Ы	Ь	Ъ	Е	Ш	Ц	Ю	А	Ы	Ф
О	В	П	У	З	Ы	Р	И	Р	Е	Я	Н	Л	Г
Ц	Р	А	Ю	Х	Ж	Ч	Ь	С	К	Н	Н	Г	Е
Ч	И	Р	Ъ	Г	И	Н	С	С	В	А	А	Р	Ы
Щ	К	Г	У	Б	К	А	Ъ	Щ	Щ	А	Л	С	Е
Е	О	Ж	Г	Т	Ы	Ы	О	Р	Д	Ь	Щ	О	П
Х	К	Т	Ы	Щ	Ф	Ф	Т	К	Р	А	Н	Х	И

ВАННА	ГУБКА
ПУЗЫРИ	МЫЛО
ПАР	ШАМПУНЬ
ДУШ	ЗЕРКАЛО
ПОЛОТЕНЦЕ	КОВРИК
ЛОСЬОН	ТУАЛЕТ
ДУХИ	ВОДА
НОЖНИЦЫ	КРАН

66 - Musikinstrumente

```
О Г Ф Л Е Й Т А Ш Е Ь Б А Б
Х Ш Ю Г А Р М О Н И К А Р У
У Ш А У О Б А Р А Б А Н Ф Б
В И О Л О Н Ч Е Л Ь П Д А Е
Е Ж Т Ю Ь Ъ Г Ш Ы У Е Ж Ф Н
Т Р О М Б О Н О У Ж Р О А С
М Т П И А Н И Н О Ж К Г Г А
Д Л Д С К Р И П К А У И О К
Т Р У Б А Х И А Ш Ъ С Т Т С
К Л А Р Н Е Т М Т О С А А О
Г О Б О Й Г Д О Б Ю И Р Ж Ф
М А Н Д О Л И Н А А Я А Я О
Ц Ю Б Ъ Ь Ц Ж Р Т Е Ч В Д Н
У Ю В Я Щ Ш Х Ш Ю Д Е Я Ш Ч
```

БАНДЖО	МАНДОЛИНА
ВИОЛОНЧЕЛЬ	МАРИМБА
ФАГОТ	ГАРМОНИКА
ФЛЕЙТА	ГОБОЙ
СКРИПКА	ТРОМБОН
ГИТАРА	САКСОФОН
ГОНГ	ПЕРКУССИЯ
АРФА	БУБЕН
КЛАРНЕТ	БАРАБАН
ПИАНИНО	ТРУБА

67 - Blumen

```
М П Р Г А Р Д Е Н И Я Я Л Е
В И О Ш Б Ю Ы О Н С Е Ц И Г
Б О З Д М Н Д Д У Р Ю Д Л Ш
В Н А М С Ь Т У Д М Е У И Ж
М А К А Д О Ю В П У Ж Ч Я Ш
А Р Ж Р Л Т Л А В А Н Д А Ю
Г С Ч Г Л Ы Ь Н Ж А С М И Н
Н И Н А Е Ю П Ч У И Ф М О К
О Р Б Р П Ц А И К Х Ш Б Р Е
Л Е У И Е Ч Н К Е Л И В Х И
И Н К Т С Ч П Л Ю М Е Р И Я
Я Ь Е К Т К Б М Ц Ь Х В Д Ь
Ч С Т А О Х У Ы Ю Ж И Ч Е Ы
Ы Д И А К У У С Ь Д У Л Я Р
```

ЛЕПЕСТОК	МАГНОЛИЯ
ГАРДЕНИЯ	МАК
МАРГАРИТКА	ОРХИДЕЯ
ГИБИСКУС	ПИОН
ЖАСМИН	ПЛЮМЕРИЯ
КЛЕВЕР	РОЗА
ЛАВАНДА	ПОДСОЛНУХ
СИРЕНЬ	БУКЕТ
ЛИЛИЯ	ТЮЛЬПАН
ОДУВАНЧИК	

68 - Natur

```
Г Ы П Х Р Д Г Л И С Т В А Щ
Т О М С Ж И Р Д Р Е Г А Г В
М Е Р А Р К Т И Ч Е С К И Й
У Ч М Ы М И Р Н Ы Й К Р Ц Щ
Д Ч М В Е Й Ж О О Б Л А К А
Б Е З М Я Т Е Ж Н Ы Й С Ж Д
Ч П С В Я Т И Л И Щ Е О И Ы
С У Б Д Д А Ч Ф Ы Э Ь Т В Ф
Я С А У Ш Р Л Л Р Д А О Х
Ж Т О Ж Ж Р Ы Ы И О С А Т П
Р Ы А Л Г Ь Ф Г Б З Ч Л Н Ч
Ч Н О Л Ш Л Е Д Н И К Ф Ы Е
А Я Т В Т Ю Е Ы Т Я Д Я Е Л
У К Р Ы Т И Е С Т У М А Н Ы
```

АРКТИЧЕСКИЙ	ЛИСТВА
ГОРЫ	ТУМАН
ПЧЕЛЫ	КРАСОТА
ЭРОЗИЯ	УКРЫТИЕ
РЕКА	ЖИВОТНЫЕ
МИРНЫЙ	ЛЕС
ЛЕДНИК	ДИКИЙ
СВЯТИЛИЩЕ	ОБЛАКА
БЕЗМЯТЕЖНЫЙ	ПУСТЫНЯ

69 - Urlaub #2

```
Т А К С И К Е М П И Н Г П А
Ш Ю Т П Е Ь Е Н А Н М И А О
Г В Щ В И З А Ъ Л О О П С Ю
А Н Ы Г Т Т Р Р А С Т Л П П
М Э Ъ Ы Ъ Ъ Х Ъ Т Т Е Я О У
Т Ф Р М Г О Р Ы К Р Л Ж Р Т
Р Р В О О Б Ф А А А Ь К Т Е
А Е А Г П Р А З Д Н И К Ж Ш
Е С Ч Н П О Е З Д Е Б Ь Ф Е
Ч Т Л О С Т Р О В Ц Ъ М Е С
Д О С У Г П О Т Е Г Т П Ь Т
П Р У И Г Ь О К А Р Т А Е В
И А И Н О С Т Р А Н Н Ы Й И
М Н Ы Ш Х Е Т А Т Ц Ш Т Б Е
```

ИНОСТРАНЕЦ	ПАСПОРТ
ИНОСТРАННЫЙ	ПУТЕШЕСТВИЕ
ГОРЫ	РЕСТОРАН
КЕМПИНГ	ПЛЯЖ
АЭРОПОРТ	ТАКСИ
ДОСУГ	ТРАНСПОРТ
ОТЕЛЬ	ПРАЗДНИК
ОСТРОВ	ВИЗА
КАРТА	ПАЛАТКА
МОРЕ	ПОЕЗД

70 - Zirkus

А	Ь	Ж	О	Я	Ч	Г	П	Б	С	М	У	Д	Х
У	П	И	Б	И	Л	Е	Т	А	Л	В	Х	П	Н
М	А	В	М	М	А	Г	Х	К	О	С	Т	Ю	М
Ь	Р	О	А	У	Л	И	Н	Р	Н	Ю	Р	Р	А
М	А	Т	Н	З	Ц	Е	У	О	Ъ	У	Х	Б	Г
В	Д	Н	Ы	Ы	Я	Ц	В	Б	О	П	А	Н	И
Т	И	Ы	В	К	П	О	К	А	З	А	Т	Ь	Я
П	Ю	Е	А	А	З	Р	И	Т	Е	Л	Ь	Ч	Щ
Т	А	Ф	Т	О	Б	Е	З	Ь	Я	Н	А	И	К
П	И	Л	Ь	Р	А	З	В	Л	Е	К	А	Т	Ь
Ю	Ъ	Г	А	Р	А	Ж	О	Н	Г	Л	Е	Р	М
Ю	У	И	Р	Т	Ы	В	Р	А	Ю	О	В	Б	Ы
Ъ	М	Т	В	Т	К	Р	Д	У	Л	У	В	Х	А
К	Ъ	В	Я	Е	Л	А	Ж	Д	Н	Н	С	О	Х

ОБЕЗЬЯНА
АКРОБАТ
КЛОУН
СЛОН
БИЛЕТ
ЖОНГЛЕР
КОСТЮМ
ЛЕВ
МАГИЯ
МУЗЫКА

ПАРАД
ЖИВОТНЫЕ
ТИГР
ОБМАНЫВАТЬ
РАЗВЛЕКАТЬ
МАГ
ПОКАЗАТЬ
ПАЛАТКА
ЗРИТЕЛЬ

71 - Barbecues

```
Щ Г Р Ы Г М Б К О В О Щ И Х
Г Р П С О У С У Б Н Ф Д Я Ъ
Ы И Е Р Л З К Р Е М И Ю Ж Ц
Ю Л Р Д О Ы Ф И Д Ц Г Щ В А
А Ь Е Р Д К Б Ц Е Г Р К Щ Л
Ф М Ц Р С А Л А Т Ы Ы Ш С М
Ч Р И Ъ О Е Г Ю И В И Л К И
Ц Я У В Л Щ М Г О Р Я Ч И Й
Л В С К Ь Ч Л Ь Ы С С П Н М
У Е Ц Щ Т Л С Ю Я Ц П В Л Ф
К Н Т Д Б Е Ц Ю Л Щ Н О Ж И
Р Щ Д О Ф Ъ Р Ж О У С Ш В Ф
Ъ К К Ш П У Т Я Д Р У З Ь Я
Ч Р Ю Ю Ж Ш В В Ф Ы В Т М Ф
```

ОБЕД	ДЕТИ
СЕМЬЯ	НОЖИ
ДРУЗЬЯ	МУЗЫКА
ФРУКТ	ПЕРЕЦ
ВИЛКИ	САЛАТЫ
ОВОЩИ	СОЛЬ
ГРИЛЬ	ЛЕТО
ГОРЯЧИЙ	СОУС
КУРИЦА	ИГРЫ
ГОЛОД	ЛУК

72 - Küche

```
Ж Ш М О Р О З И Л К А О У К
Ю Ы Ь К У В Ш И Н Г Ф Х Б Ъ
Г Т Ч К И П Ы Р О Р Щ Т Х Ю
Г Ч Ц М Ч Р Я Е Ж И Г Ь Ю Л
В У Ш Л С К Л Ц И Л А И У Т
Ь И Л О Ж К И Е С Ь К Д Ч А
У Ч Л В М Л Е П П П Е Ч Ь Д
Х А Х К Ф У Р Т У К Е В У С
Г Ш Е К И М Ь Ь Л Е О Ц И И
Ф А Р Т У К В Д Ж С Е В И Ц
Г У Б К А Р Г П Х И Д Я Ш И
С А Л Ф Е Т К А Д Ч А Ш К И
Х О Л О Д И Л Ь Н И К Ч У Ш
Ч А Й Н И К Ю М И Ц Ы Х Х Ъ
```

ЕДА	НОЖИ
ВИЛКИ	ПЕЧЬ
МОРОЗИЛКА	РЕЦЕПТ
СПЕЦИИ	ФАРТУК
ГРИЛЬ	ЧАША
КОВШ	ГУБКА
КУВШИН	САЛФЕТКА
ХОЛОДИЛЬНИК	ЧАШКИ
ЛОЖКИ	ЧАЙНИК

73 - Schach

```
М  В  Ч  Ж  Ж  М  И  Я  Ъ  Х  Щ  Ы  Н  Ч
К  М  П  Е  Т  О  Г  И  Г  Р  О  К  Л  Е
Н  К  А  Р  М  П  Р  А  В  И  Л  А  Ъ  Р
Я  Х  С  Т  Б  П  А  В  Р  Е  М  Я  Щ  Н
Ф  Ь  С  В  Ь  О  И  П  О  О  Ч  Ы  Р  Ы
О  Ы  И  А  Т  Н  К  О  Н  К  У  Р  С  Й
Е  К  В  Х  Ф  Е  Н  У  Н  Ь  У  О  Ы  С
А  О  Н  Ж  Х  Н  А  М  М  И  Ъ  Б  Я  Д
К  Р  Ы  Ь  С  Т  Р  А  Т  Е  Г  И  Я  Р
А  О  Й  Ы  Ъ  О  Ф  У  Ю  У  К  Е  Щ  У
О  Л  Р  Я  П  Ч  П  Т  Н  М  Р  Ч  Е  М
К  Е  Ц  О  В  К  М  Б  У  Н  Ю  Н  А  Ь
Ц  В  Б  Р  Л  И  Б  Е  Л  Ы  Й  Т  И  Ф
Н  А  М  Ы  Х  Ь  М  Д  К  Й  О  Н  Ц  Р
```

ЧЕМПИОН	ЧЕРНЫЙ
ОППОНЕНТ	ИГРА
УМНЫЙ	ИГРОК
КОРОЛЬ	СТРАТЕГИЯ
КОРОЛЕВА	ТУРНИР
ЖЕРТВА	БЕЛЫЙ
ПАССИВНЫЙ	КОНКУРС
ТОЧКИ	ВРЕМЯ
ПРАВИЛА	

74 - Geographie

```
С  Р  В  Ы  С  О  Т  А  Ж  Ч  И  Г  Х  К
М  Т  О  К  Е  А  Н  М  А  Ъ  Ъ  О  А  О
И  Е  Р  Е  Г  И  О  Н  Г  Э  У  Р  Т  Н
Р  Р  М  А  У  Я  М  Р  Е  К  А  О  Л  Т
П  Р  О  Щ  Н  Ф  Е  З  Г  В  Ь  Д  А  И
О  И  Р  Г  Т  А  Р  А  Щ  А  Я  Я  С  Н
Л  Т  Е  Е  А  Р  И  П  Ш  Т  Р  К  Б  Е
У  О  Г  Д  Б  Ь  Д  А  Е  О  Ь  Г  К  Н
С  Р  С  О  В  П  И  Д  Е  Р  Х  О  С  Т
Ф  И  Е  Т  Р  Н  А  Ш  И  Р  О  Т  А  Д
Е  Я  В  Ц  Р  А  Н  М  Ъ  Ш  Ж  О  А  Г
Р  В  Е  М  Б  О  Г  У  М  Ю  Я  Ф  Ь  М
А  Щ  Р  Ф  Р  В  В  К  А  Р  Т  А  Ч  А
Р  Ж  Ж  П  М  В  Ж  Ч  Д  Щ  Л  Ш  Ф  А
```

АТЛАС	КОНТИНЕНТ
ЭКВАТОР	СТРАНА
ГОРА	МОРЕ
ШИРОТА	МЕРИДИАН
РЕКА	СЕВЕР
ТЕРРИТОРИЯ	ОКЕАН
ПОЛУСФЕРА	РЕГИОН
ВЫСОТА	ГОРОД
ОСТРОВ	МИР
КАРТА	ЗАПАД

75 - Zahlen

```
С  П  Я  Т  Ь  Д  В  А  Д  Ц  А  Т  Ь  С
Е  И  Н  А  Т  Е  Е  Р  Ь  Д  Е  Ю  В  Е
М  О  М  Д  П  С  Е  В  Г  В  Р  Ч  Щ  М
Н  У  Л  Ь  Я  Я  О  Е  Я  А  Е  Е  Е  Ь
А  Ю  Щ  Н  Т  Т  Щ  А  Щ  Т  Д  Т  У  Б
Д  Б  Ч  Ж  Н  Ь  В  Т  У  Р  Ь  Ы  Р  С
Ц  Г  Щ  У  А  Ы  О  Ч  К  И  Ч  Р  Н  Ч
А  Ч  Л  С  Д  Е  С  Я  Т  И  Ч  Н  Ы  Й
Т  Л  Г  Г  Ц  Ф  Е  Ю  Н  У  Е  А  А  Ъ
Ь  Ц  Ы  Ы  А  Л  М  С  С  Е  Т  Д  П  Ц
Ч  С  Ю  О  Т  А  Ь  К  К  И  Ы  Ц  Л  Ы
Е  Ъ  Е  Ы  Ь  Ш  Е  С  Т  Ь  Р  А  Х  Ш
Т  Р  И  Н  А  Д  Ц  А  Т  Ь  Е  Т  Ц  Л
Ь  Ш  Е  С  Т  Н  А  Д  Ц  А  Т  Ь  Е  Ч
```

ВОСЕМЬ	ШЕСТНАДЦАТЬ
ДЕСЯТИЧНЫЙ	СЕМЬ
ТРИ	СЕМНАДЦАТЬ
ТРИНАДЦАТЬ	ЧЕТЫРЕ
ПЯТЬ	ЧЕТЫРНАДЦАТЬ
ПЯТНАДЦАТЬ	ДЕСЯТЬ
ДЕВЯТЬ	ДВАДЦАТЬ
НУЛЬ	ДВА
ШЕСТЬ	

76 - Urlaub #1

```
Э  К  С  П  Е  Д  И  Ц  И  Я  Р  Щ  Щ  И
А  В  Т  О  М  О  Б  И  Л  Ь  Е  Ъ  Ы  Ж
Г  А  Ю  З  А  Т  Ы  Ь  П  Т  Л  Ц  П  Х
Д  Л  Р  Е  Р  Я  Т  Т  Ь  Р  А  Т  Л  О
П  Ю  Щ  Р  Ш  Н  Х  Г  Ц  А  К  Щ  Л  Т
Ф  Т  С  О  Р  П  А  О  Ь  М  С  И  Д  Г
О  А  С  В  У  Т  Л  И  В  В  А  Ф  Р  З
М  Ь  А  С  Т  К  У  А  Ю  А  Ц  Т  Ю  О
Ч  Е  М  О  Д  А  Н  Р  В  Й  И  Т  К  Н
Р  Г  О  Ф  Ж  Б  Л  Ц  И  А  Я  В  З  Т
Ц  Ш  Л  Г  Ц  Б  И  Е  О  С  Т  Ш  А  И
Я  О  Е  Х  М  В  Т  Л  Б  Щ  Т  Ь  К  К
И  Ш  Т  М  У  З  Е  Й  Е  Ы  Ц  Ц  Д  Г
Т  А  М  О  Ж  Н  Я  Т  Б  Т  Ж  Е  Ц  П
```

АВТОМОБИЛЬ	МАРШРУТ
РЕЛАКСАЦИЯ	РЮКЗАК
ЭКСПЕДИЦИЯ	ПЛАВАТЬ
БИЛЕТ	ОЗЕРО
САМОЛЕТ	ТРАМВАЙ
ЧЕМОДАН	ТУРИСТ
МУЗЕЙ	ВАЛЮТА
ЗОНТИК	ТАМОЖНЯ

77 - Kunst Liefert

```
С У Щ Ш Т Г Ц Щ Р С Ж К Х К
К Р Е А Т И В Н О С Т Ь С Х
Л Ю Т Ч Ф Х Е Ч Ы Д К А Я А
Е М К Е Я С Т Р К У Ш М Ц Ч
Й Ю И Р Б К А Р А Н Д А Ш И
Н Ъ Ж Н Ж Ч Б У М А Г А О Л
С К Ь И Ц Д Ц С Е А Т Я А А
Т Т Г Л И Н А У Р Ы С Ь Р С
О С У А Х Д Б Н А У М Л Б Т
Л М О Л Ь Б Е Р Т Ъ Ц Я О И
У Г О Л Ь Щ Ь И В О Д А И К
М Т В А К Р И Л О В Ы Й Ч Ъ
Я Ш Х Ъ К А А Ж Ж Л И Н Ъ Х
П М Б Ч Ы Х Я И О О У Т Б Ж
```

АКРИЛОВЫЙ	МАСЛО
КАРАНДАШИ	БУМАГА
ЩЕТКИ	ЛАСТИК
ЦВЕТА	МОЛЬБЕРТ
УГОЛЬ	СТУЛ
ИДЕИ	СТОЛ
КАМЕРА	ЧЕРНИЛА
КРЕАТИВНОСТЬ	ГЛИНА
КЛЕЙ	ВОДА

78 - Tage und Monate

```
Ч  Я  К  Д  В  П  У  Ы  Р  И  Ь  Н  А  В
Е  Щ  Ы  Ф  У  Т  Я  С  Ч  Ю  К  Е  В  О
Т  Р  Щ  Ь  Р  К  О  Т  Г  Л  Я  Д  Г  С
В  С  Р  Е  Д  А  Ф  Р  Н  Ь  Ы  Е  У  К
Е  Б  Ы  С  Е  Л  Е  Х  Н  И  Е  Л  С  Р
Р  Ш  Ж  Ю  К  Е  В  М  Ф  И  Ц  Я  Т  Е
Г  О  Д  С  А  Н  Р  И  Е  Ж  К  А  В  С
Н  У  Щ  У  Б  Д  А  О  Д  С  А  И  Н  Е
Д  Е  Х  Б  Р  А  Л  И  Е  Х  Я  Я  О  Н
Ф  Щ  Ч  Б  Ь  Р  Ь  Ю  Щ  Ц  Г  Ц  Я  Ь
Л  Ж  Н  О  И  Ь  Я  Н  В  А  Р  Ь  Б  Е
С  Е  Н  Т  Я  Б  Р  Ь  У  Ш  Ъ  Ц  Р  Ф
М  Е  Х  А  О  К  Т  Я  Б  Р  Ь  П  Ь  Ю
П  О  Н  Е  Д  Е  Л  Ь  Н  И  К  Б  В  Ц
```

АВГУСТ	КАЛЕНДАРЬ
ДЕКАБРЬ	СРЕДА
ВТОРНИК	МЕСЯЦ
ЧЕТВЕРГ	ПОНЕДЕЛЬНИК
ФЕВРАЛЬ	НОЯБРЬ
ПЯТНИЦА	ОКТЯБРЬ
ГОД	СУББОТА
ЯНВАРЬ	СЕНТЯБРЬ
ИЮЛЬ	ВОСКРЕСЕНЬЕ
ИЮНЬ	НЕДЕЛЯ

79 - Piraten

О	С	Т	Р	О	В	Т	Ю	У	П	Л	Ц	П	К
О	П	А	С	Н	О	С	Т	Ь	Л	Е	Ш	Р	А
Б	К	И	Е	Ж	У	У	П	Щ	О	Г	Р	И	П
К	Х	Ъ	Ц	В	Ь	О	Л	А	Х	Е	А	К	И
Я	С	Ж	Ь	Ж	Г	Ы	Я	Б	О	Н	М	Л	Т
К	К	О	М	П	А	С	Ж	М	Й	Д	Л	Ю	А
А	Р	О	П	Г	П	О	П	У	Г	А	Й	Ч	Н
Р	Ъ	О	Р	М	Е	Ч	В	Э	Б	Б	Щ	Е	У
Т	Ц	Ф	М	Ь	Щ	Р	Н	М	К	Н	Ц	Н	С
А	С	О	Л	В	Е	Ф	Л	А	Г	И	Ь	И	Ы
П	Я	Ы	У	С	Р	У	Ю	Т	Д	В	П	Е	Е
Ю	П	С	У	С	А	З	О	Л	О	Т	О	А	Ш
С	О	К	Р	О	В	И	Щ	Е	Л	Д	Ф	Т	Ж
К	Ш	С	Ю	Ы	Б	Р	Л	М	О	Н	Е	Т	Ы

ПРИКЛЮЧЕНИЕ	КОМПАС
ЯКОРЬ	ЛЕГЕНДА
ЭКИПАЖ	МОНЕТЫ
ФЛАГ	ШРАМ
ОПАСНОСТЬ	ПОПУГАЙ
ЗОЛОТО	РОМ
ПЕЩЕРА	СОКРОВИЩЕ
ОСТРОВ	ПЛОХОЙ
КАПИТАН	МЕЧ
КАРТА	ПЛЯЖ

80 - Emotionen

```
С  Т  Р  А  Х  Б  Щ  И  Ю  О  К  О  Ч  Щ
Р  Б  У  А  Д  Л  О  Ю  Ф  Б  Л  Г  К  Ч
Т  А  Р  К  К  А  У  Л  Ч  Л  Ю  И  Е  А
И  Р  С  Н  Д  Г  Н  Е  В  Е  Б  Н  Щ  Д
С  А  П  С  Ъ  О  Е  Д  Ж  Г  О  Е  Ю  С
О  Д  О  Ю  Л  Д  Ь  О  К  Ч  В  Ж  С  П
Д  О  К  Р  Х  А  Д  В  Р  Е  Ь  Н  М  О
Е  С  О  П  Ъ  Р  Б  О  Ж  Н  Т  О  У  К
Р  Т  Й  Р  Н  Н  П  Л  М  И  Р  С  Щ  О
Ж  Ь  С  И  Д  Ы  Ч  Е  Е  Е  Ж  Т  Е  Й
А  Д  Т  З  Ъ  Й  У  Н  Ч  Н  Е  Ь  Н  Н
Н  Х  В  П  О  С  К  У  К  А  Н  Н  Н  Ы
И  О  И  Д  О  Б  Р  О  Т  А  Л  Ы  Ы  Й
Е  Е  Е  С  И  М  П  А  Т  И  Я  Ь  Й  Ч
```

СТРАХ	ОБЛЕГЧЕНИЕ
СМУЩЕННЫЙ	СПОКОЙСТВИЕ
БЛАГОДАРНЫЙ	СПОКОЙНЫЙ
РАССЛАБЛЕННЫЙ	СИМПАТИЯ
РАДОСТЬ	ПЕЧАЛЬ
ДОБРОТА	СЮРПРИЗ
МИР	ГНЕВ
СОДЕРЖАНИЕ	НЕЖНОСТЬ
СКУКА	ДОВОЛЕН
ЛЮБОВЬ	

81 - Zu Füllen

Ч	К	Т	У	Ч	Ж	Ц	Ь	Ц	Л	Ж	Ф	П	Ю
В	О	Ю	И	Х	Е	Ы	Ф	А	Ш	П	Т	Ъ	П
Ч	Н	Х	Щ	Ь	У	М	К	О	Р	З	И	Н	А
Ц	В	А	З	А	А	В	О	Т	С	Щ	П	У	К
В	Е	К	Ж	Щ	П	Ю	Р	Д	К	Ь	К	О	Е
С	Р	А	О	Е	Г	Е	О	Ъ	А	Ц	Ф	Х	Т
Д	Т	Р	У	Б	К	А	Б	П	Р	Н	Д	Х	Б
Б	У	Т	Ы	Л	К	А	К	А	М	Л	Ч	Б	О
А	Д	О	Ы	О	С	Ъ	А	П	А	Ф	Ы	А	Ч
С	В	Н	С	Т	Ь	У	С	К	Н	Ы	Ш	Н	К
С	А	Е	В	О	Я	Х	Д	А	Ю	Я	Х	К	А
Е	Н	Ж	Д	К	Ш	Ц	Р	Н	Ч	У	Ш	А	Ц
Й	Щ	Ф	К	Р	С	Ю	Б	Ы	О	Ж	Ж	К	П
Н	Я	Ы	Д	Е	О	Ъ	Б	К	Щ	М	Ю	Х	Ю

БАССЕЙН	ПАПКА
КОРОБКА	ПАКЕТ
ВЕДРО	ТРУБКА
БОЧКА	СУДНО
БУТЫЛКА	ЛОТОК
КАРТОН	КАРМАН
ЧЕМОДАН	КОНВЕРТ
КОРЗИНА	ВАЗА
БАНКА	

82 - Surfen

```
Н Ъ С К С П Е Н А П В Е Т Н
Ы Ф Ы Ъ Т О Л П Ы Л Б Ч Ж А
В Ж К П И С Ш А П Я Е Ь В Ч
О Е Т С Л И П П В Ж Ж Ц В И
Л Л С Ч Ь Л Б О Н А Г Р Е Н
Н У Ч Е Л А К П Р Ф Т Х С А
А Д Г М Л Ч Т У И Т Щ Ь Л Ю
Щ О С П Г Ь Ы Л Ф Я С П О Щ
Л К Ш И Щ Я Е Я А Х У М О И
Ч М Ч О С К О Р О С Т Ь Е Й
Т В А Н Х Е Ф Н Б Я Щ И Б Н
П О Г О Д А Х Ы Я М Г С Х Г
Х У Я Д Ч В Ф Й Ш Л Щ Х Т Ю
О К Е А Н Г Г Ю К Ь Б Л Ю И
```

НАЧИНАЮЩИЙ	РИФ
СПОРТСМЕН	ПЕНА
ПОПУЛЯРНЫЙ	ПЛАВАТЬ
ЧЕМПИОН	ВЕСЕЛЬЕ
СКОРОСТЬ	СИЛА
ЖЕЛУДОК	СТИЛЬ
ТОЛПЫ	ПЛЯЖ
ОКЕАН	ВОЛНА
ВЕСЛО	ПОГОДА

83 - Kräuterkunde

```
В  К  Т  А  Ч  О  Л  Э  В  Ь  Б  К  Ч  Щ
Ж  К  Р  Х  П  Н  А  С  Ы  Д  А  У  Е  Г
А  Щ  У  М  И  С  В  Т  Г  Г  З  Л  С  Ъ
Ъ  Ы  Ц  С  Ь  П  А  Р  О  З  И  И  Н  И
Ф  Ш  А  Ф  Р  А  Н  А  Д  Е  Л  Н  О  Ф
Ц  В  Е  Т  О  К  Д  Г  Н  Л  И  А  К  Х
А  П  Ф  Б  З  Б  А  О  Ы  Е  К  Р  П  М
Ж  Ш  Е  П  М  К  Т  Н  Й  Н  А  Н  Ф  А
Я  С  Н  Т  А  К  Ъ  Т  И  Ы  Ч  Ы  Р  Й
И  П  Х  Т  Р  Б  И  Ь  Г  Й  Е  Й  А  О
М  Р  Е  Щ  И  У  К  Р  О  П  С  Ш  Ч  Р
У  Я  Л  Щ  Н  У  Ш  С  Х  Ы  Т  А  Ы  А
В  Ж  Ь  Ц  Д  К  И  К  П  Ш  В  В  Д  Н
Т  И  М  Ь  Я  Н  Б  И  А  Х  О  Ф  Ъ  Г
```

БАЗИЛИК
ЦВЕТОК
УКРОП
ЭСТРАГОН
ФЕНХЕЛЬ
САД
ВКУС
ЗЕЛЕНЫЙ
ЧЕСНОК

КУЛИНАРНЫЙ
ЛАВАНДА
МАЙОРАН
ПЕТРУШКА
КАЧЕСТВО
РОЗМАРИН
ШАФРАН
ТИМЬЯН
ВЫГОДНЫЙ

84 - Tugenden #1

```
Л Э Ф Ф Е К Т И В Н Ы Й Ч П
М Ю Р М Ш Ы Т У С С Ж И Г Щ
У Д Б Ф Х Х Е Ф Т А Л Ч Л Ы
Д Ш Н О Ь Ь С К Р О М Н Ы Й
Р Ж В У П М Ъ О А Ч О С Х Х
Ы У Ч Н А Ы Ч И С Т Ы Й О С
Й Ь Б Я Р Т Т Г Т Ш У П Р М
У Ь Ъ Щ Ю П Ю Н Н Ъ М А О Е
П О Л Е З Н Ы Й Ы Н Н Ц Ш Ш
Щ Н А Д Е Ж Н Ы Й Й Ы И И Н
Б А П Р Щ Ю Б Е Я Г Й Е Й О
В Л Ы Ы Г Ъ К Щ О Б Ш Н Р Й
Р Л Я Й У Г Е Г У Г Ы Т К Ч
Н Е З А В И С И М Ы Й Д М Л
```

СКРОМНЫЙ	СМЕШНОЙ
ЭФФЕКТИВНЫЙ	СТРАСТНЫЙ
ПАЦИЕНТ	ЛЮБОПЫТНЫЙ
ЩЕДРЫЙ	ЧИСТЫЙ
ХОРОШИЙ	НЕЗАВИСИМЫЙ
ПОЛЕЗНЫЙ	МУДРЫЙ
УМНЫЙ	НАДЕЖНЫЙ

85 - Aktivitäten und Freizeit

```
Ш Ъ М С И М Ц В В Х Б П Б Г
А Я У Р Ш У М У Г О А Л О О
Щ Ы Ю Ф Ч Ф А Ы О Б С А К Л
К Я В Ь К Ь Ч К Н Б К В С Ь
И С К У С С Т В О И Е А Ф Ф
Щ Я Т Е Н Н И С Ч П Т Н У Г
Ю У С И М Ф Ъ Ъ Н О Б И Т Я
Ч Ч Г У Ь П О О Ы С О Е Б Х
Ж Т Ч В Т О И Ю Й А Л К О С
С Е Р Ф И Н Г Н Ь П Ы Б Л К
Н Ы Р Я Н И Е Ч Г Ж Ь С А Д
В О Л Е Й Б О Л Ю Ч Н Р И Н
Ь Г Л Щ Б Б Е Й С Б О Л Е Ь
Р Ы Б Н А Я Л О В Л Я О С Ы
```

РЫБНАЯ ЛОВЛЯ	ИСКУССТВО
БЕЙСБОЛ	ГОНОЧНЫЙ
БАСКЕТБОЛ	ПЛАВАНИЕ
БОКС	СЕРФИНГ
КЕМПИНГ	НЫРЯНИЕ
ФУТБОЛ	ТЕННИС
ГОЛЬФ	ВОЛЕЙБОЛ
ХОББИ	

86 - Formen

```
О  Х  Ъ  Ы  И  Д  Ю  Ъ  Л  Ж  Н  К  Ц  К
М  Д  Ф  В  Д  К  Р  У  Г  М  А  Ы  Ф  О
П  Р  Я  М  О  У  Г  О  Л  Ь  Н  И  К  Н
М  И  З  Г  И  Б  Г  Ы  П  И  Н  Л  Р  У
Э  Л  Л  И  П  С  П  А  В  Л  Н  У  А  С
П  Ц  Х  П  С  Т  О  Р  О  Н  А  И  Я  М
Р  И  Х  Е  Е  К  Р  У  Г  Л  Ы  Й  Я  Ю
И  Л  Т  Р  Е  У  Г  О  Л  Ь  Н  И  К  Ю
З  И  Ь  Б  Ч  У  О  В  А  Л  Ь  Н  Ы  Й
М  Н  Б  О  Л  О  Г  П  Л  О  Щ  А  Д  Ь
А  Д  Ь  Л  У  Н  Ф  О  Ь  Ш  К  Ч  Х  Ю
О  Р  И  А  О  С  Ч  Л  Л  Ц  М  С  Б  Н
П  О  Л  И  Г  О  Н  Ж  И  Е  Ф  Ц  А  Г
П  И  Р  А  М  И  Д  А  Я  Б  Ж  У  М  К
```

ДУГА	ОВАЛЬНЫЙ
ТРЕУГОЛЬНИК	ПОЛИГОН
УГОЛ	ПРИЗМА
ЭЛЛИПС	ПИРАМИДА
ГИПЕРБОЛА	ПЛОЩАДЬ
КРАЯ	ПРЯМОУГОЛЬНИК
КОНУС	КРУГЛЫЙ
КРУГ	СТОРОНА
ИЗГИБ	КУБ
ЛИНИЯ	ЦИЛИНДР

87 - Adjektive #2

```
Ч  М  Е  Г  П  Ъ  Г  Н  Д  И  К  И  Й  Т
Ь  Я  С  О  Т  Ф  Б  О  М  Н  С  А  К  Ц
У  П  Т  Р  В  Я  Р  В  Л  Е  Ч  У  Я  Ю
С  Ъ  Е  Д  О  Б  Н  Ы  Й  О  Щ  Т  Х  Ж
М  Т  С  Ы  Р  Г  Ь  Й  М  П  Д  Е  Ъ  Ч
С  Ф  Т  Й  Ч  И  З  В  Е  С  Т  Н  Ы  Й
В  В  В  К  Е  У  Я  Л  Т  С  Щ  Т  Ы  Р
А  Ь  Е  Щ  С  Е  Н  Ь  О  И  Ж  И  С  Й
Ч  Н  Н  Ж  К  Х  В  О  Щ  Л  И  Ч  О  Б
Л  У  Н  Е  И  Ы  Б  С  Щ  Ь  О  Н  Л  П
Г  Ю  Ы  И  Й  Й  В  Д  М  Н  Щ  Ы  Е  Ю
Р  П  Й  З  Д  О  Р  О  В  Ы  Й  Й  Н  У
И  Н  Т  Е  Р  Е  С  Н  Ы  Й  Ж  Х  Ы  Л
Э  Л  Е  Г  А  Н  Т  Н  Ы  Й  Щ  Н  Й  П
```

АУТЕНТИЧНЫЙ	ТВОРЧЕСКИЙ
ИЗВЕСТНЫЙ	ЕСТЕСТВЕННЫЙ
ЭЛЕГАНТНЫЙ	НОВЫЙ
СЪЕДОБНЫЙ	СОЛЕНЫЙ
СВЕЖИЙ	СИЛЬНЫЙ
ЗДОРОВЫЙ	ГОРДЫЙ
ГОЛОДНЫЙ	ДИКИЙ
ИНТЕРЕСНЫЙ	

88 - Kleidung

```
П Е Р Ч А Т К И Ш А М Ы О С
А П Ф А Р Т У К А Р Ч О Р В
Л Л Щ Г Ч Ъ Ъ П Р Ф Ф Ф Д Р
Ь А Ш Д Л Ж Ш Б Ф Б Л У З А
Т Т Л Р С В И Т Е Р Н А К Щ
О Ь Б Ф А Щ Л Д У А Ц П Н Г
Б Е Б П Н П О Я С С Ю Р Ш А
В Н Д П Д К Б С Ш Л Я П А Ч
К Н В Ю А Ы У Т Д Е Б И Д М
Ъ Ж Д Д Л Ф В Р П Т Я Ж О Г
Б Р Ю К И С Ь Н Т М А А П Ж
Я Г Д Ж И Н С Ы Д К Р М О К
Ц Р У Б А Ш К А К Ъ А А Б Щ
Ю Б К А О Ж Е Р Е Л Ь Е М Ф
```

БРАСЛЕТ	ПЛАТЬЕ
БЛУЗА	ПАЛЬТО
ПОЯС	МОДА
ОЖЕРЕЛЬЕ	СВИТЕР
ПЕРЧАТКИ	ЮБКА
РУБАШКА	САНДАЛИИ
БРЮКИ	ШАРФ
ШЛЯПА	ПИЖАМА
КУРТКА	ОБУВЬ
ДЖИНСЫ	ФАРТУК

89 - Sommer

```
Н О К Х Л Х П О Т Ю Р П В В
З В Е З Д Ы У Т Ы В Е Л О Н
Д Е У В А И Е Б Я Г Л А С Ы
Б И Р А Д О С Т Ь П А В П Р
Г Ц С А Н Д А Л И И К А О Я
Д Б В Ю Е О Д Ы С Ы С Т М Н
Ж Р М Ц К С Е М Ь Я А Ь И И
И Щ У У Я У Я Ъ Ф Ю Ц О Н Е
Ы Г Ж З З Г М О Р Е И Т А Ю
Ы Ж Р П Ь Ы Д М Х Л Я П Н Е
П Ы Н Ы С Я К Н И Г И У И Д
Л Р К Д Ж Ц О А Д Ф Я С Я А
Я Ъ П И К Е М П И Н Г К Н Ь
Ж К Р М Ъ В О Ц Е Б А Ф У О
```

КНИГИ	МОРЕ
КЕМПИНГ	МУЗЫКА
РЕЛАКСАЦИЯ	САНДАЛИИ
ВОСПОМИНАНИЯ	ПЛАВАТЬ
ЕДА	ИГРЫ
СЕМЬЯ	ЗВЕЗДЫ
ДОСУГ	ПЛЯЖ
РАДОСТЬ	НЫРЯНИЕ
ДРУЗЬЯ	ОТПУСК
САД	

90 - Farben

```
К С У И Л Ь К Ж С П Ш С Р Ы
Ж Ш М Н Ф И О Л Е Т О В Ы Й
Г Ш Т Д У Ь Р С П Л И П И П
С Ы Ъ И К М И Е И А Т Ь Г У
Б И Щ Г С Б Ч Р Я З Ш Ы Ш Р
О Е Н О И Е Н Ы В У Х С Й П
Р Ж Ж И Я Л Е Й Ч Р С О В У
А Л Ж Е Й Ы В Ц Т Н У Б Р Р
Н Г В Ю В Й Ы Ь Ц Ы М Д Г Н
Ж А Ч И Щ Ы Й К Щ Й Ц Ш Н Ы
Е В Д Ы У К Й К Р А С Н Ы Й
В Ъ Ф Я Ь Е Щ Ч Е Р Н Ы Й М
Ы Ц И А Н З Е Л Е Н Ы Й Ч О
Й В Ъ Г Ч А Р Р О З О В Ы Й
```

ЛАЗУРНЫЙ	ФИОЛЕТОВЫЙ
БЕЖЕВЫЙ	ПУРПУРНЫЙ
СИНИЙ	ОРАНЖЕВЫЙ
КОРИЧНЕВЫЙ	РОЗОВЫЙ
ФУКСИЯ	КРАСНЫЙ
ЖЕЛТЫЙ	ЧЕРНЫЙ
СЕРЫЙ	СЕПИЯ
ЗЕЛЕНЫЙ	БЕЛЫЙ
ИНДИГО	ЦИАН

91 - Haus

```
Ъ Щ Ч Ь Р К Ы О Ч Е Р Д А К
С В Р О Ъ А Д В Е Р Ь М С Я
Ъ П Г А Ю М Е Б Е Л Ь Р А Л
В Ж А Х Н И Ю Л Н К Т М Д Ф
Ь Щ Р Л Б Н С Т Е Н А Е Ы Ъ
С Ы А А Ь И К У Х Н Я Т М Н
Ь Ц Ж М Т Н Б П О Т О Л О К
С Ш Г П Н З Я Л М М К А Х О
Е Ъ У А Г Е З Ь И П Н Ъ О М
К Р Ы Ш А Р Д А Ш О О Ш Д Н
Е Р У Е Ш К Щ Ь Б А Т П Г А
Ц О В У Ч А Ж Ю Ж О Н Е И Т
Ь Ц П Ф Ф Л Ь Г Ф Щ Р И К А
Ь Щ С Ы Ц О Ш И Д У Ш Р П А
```

МЕТЛА	КУХНЯ
БИБЛИОТЕКА	ЛАМПА
КРЫША	МЕБЕЛЬ
ЧЕРДАК	СПАЛЬНЯ
ПОТОЛОК	ДЫМОХОД
ДУШ	ЗЕРКАЛО
ОКНО	ДВЕРЬ
ГАРАЖ	СТЕНА
САД	ЗАБОР
КАМИН	КОМНАТА

92 - Bauernhof #1

```
К В О П Е К Г Ш В С Ю О И Щ
Ш Ч С О Р У И Г А Х Т К Л Ъ
Ш А Е Л З Р Ю А К Ф Ф Ч Г Ю
Ч К Л Е Е И Г О С М Щ Ч Е Н
В И Ы Ы М Ц А Ж И У М Л Ж Ф
О П Ч Е Л А И Т Р И С М Ъ Р
Р Р С Л Я Ь П О Ч В А Е К Г
О У Д О Б Р Е Н И Е С К Н В
Н Е П Ш Б З Щ Е Т Ж В О Р О
А Я Л А Ь А Т Ж Е Н И Ш О Д
М Ю Р Д К Б К Я Л Ю Н К П А
Ш Е Ч Ь О О Я А Е Г Ь А У В
Я Г Д Ь З Р Т О Ц У Я Ф Х Ц
Ы Л Е В А Ц В О К О Р О В А
```

ПЧЕЛА	КОШКА
ПОЧВА	ВОРОНА
УДОБРЕНИЕ	КОРОВА
ОСЕЛ	ЗЕМЛЯ
ПОЛЕ	ЛОШАДЬ
СЕНО	РИС
МЕД	СВИНЬЯ
КУРИЦА	ВОДА
СОБАКА	ЗАБОР
ТЕЛЕЦ	КОЗА

93 - Berufe #1

```
Б О Я Ь Н П Т Р Е Н Е Р В Ц
У А Х У Д О Ж Н И К М М О Ю
Х П Н А Ц С В Д Н Т Е У Д В
Г П П К В О Е О Щ А Д З О Е
А В С Ц И Л Т О Ч Н С Ы П Л
Л Р И Р В Р Е О Ф Ц Е К Р И
Т А Х К Ы А Р М Ж О С А О Р
Е Ч О Ч Ь И П Е Р Т Н В Щ
Р Г Л С Я И Н И С Х Р Т О Т
Г Е О Л О Г А А У Ф А И Д П
Ч М Г Б В У Р Н А Ф Ю Н Ч Ж
А Д В О К А Т И Б Ы Н Х И М
О Х О Т Н И К С Ю Е Ю Г К К
Ш И Ш А С А С Т Р О Н О М Б
```

ВРАЧ	ХУДОЖНИК
АСТРОНОМ	МЕХАНИК
БАНКИР	МУЗЫКАНТ
ПОСОЛ	ПИАНИСТ
БУХГАЛТЕР	ПСИХОЛОГ
ГЕОЛОГ	АДВОКАТ
ОХОТНИК	ТАНЦОР
ЮВЕЛИР	ВЕТЕРИНАР
ВОДОПРОВОДЧИК	ТРЕНЕР
МЕДСЕСТРА	

94 - Adjektive #1

```
А  С  Е  Р  Ь  Е  З  Н  Ы  Й  Я  Ы  К  Р
В  Б  Н  Е  В  И  Н  Н  Ы  Й  П  Д  С  Н
А  В  С  О  В  Р  Е  М  Е  Н  Н  Ы  Й  Ф
Ж  Т  М  О  Л  О  Д  О  Й  Б  Ч  Т  О  К
Н  Н  Н  И  Л  Ю  Р  Т  Я  Ж  Е  Л  Ы  Й
Ы  Т  Ч  Ъ  Ы  Ю  Ю  Ц  П  Г  С  Ш  К  Д
Й  В  Д  Я  Ш  П  Т  Е  В  П  Т  Б  К  Ь
Т  Е  М  Н  Ы  Й  П  Н  Ю  Ш  Н  И  Р  Ф
Щ  М  Е  Д  Л  Е  Н  Н  Ы  Й  Ы  Т  А  Ф
Ь  О  Г  Р  О  М  Н  Ы  Й  Й  Й  В  С  Ы
Л  Щ  А  Б  Ц  Н  Б  Й  Т  О  Н  К  И  Й
С  О  В  Е  Р  Ш  Е  Н  Н  Ы  Й  У  В  Ы
А  К  Т  И  В  Н  Ы  Й  Д  Ц  Ы  Ю  Ы  В
Г  Л  У  Б  О  К  И  Й  Л  Я  Ц  И  Й  Ф
```

АБСОЛЮТНЫЙ	СОВЕРШЕННЫЙ
АКТИВНЫЙ	ОГРОМНЫЙ
ТЕМНЫЙ	КРАСИВЫЙ
ТОНКИЙ	ТЯЖЕЛЫЙ
ЧЕСТНЫЙ	ГЛУБОКИЙ
СЕРЬЕЗНЫЙ	НЕВИННЫЙ
МОЛОДОЙ	ЦЕННЫЙ
МЕДЛЕННЫЙ	ВАЖНЫЙ
СОВРЕМЕННЫЙ	

95 - Mathematik

```
Л  С  Ь  Ы  К  В  Ы  Д  Ж  Ф  Г  Р  Ц  Д
Э  У  И  Н  П  А  Р  А  Л  Л  Е  Л  Ь  Ю
К  М  И  М  М  Ц  Ф  Ч  Ц  Л  О  Б  Г  Ч
С  М  П  Ъ  М  Е  Л  А  Т  О  М  Ж  Д  Я
П  А  Е  Д  Ж  Е  Ш  П  П  Т  Е  У  А  И
О  Л  Ы  Ь  Б  Щ  Т  Е  О  К  Т  Р  Р  Я
Н  Б  О  Б  Ъ  Е  М  Р  Л  Ч  Р  А  Ы  И
Е  А  Ы  Щ  К  А  Ш  И  И  Ш  И  В  Щ  Ш
Н  Р  Ч  С  А  У  О  М  Г  Я  Я  Н  У  Ъ
Т  Л  Ч  И  Р  Д  Ч  Е  О  С  Ф  Е  Р  А
Р  А  Д  И  У  С  Ь  Т  Н  Ш  П  Н  Л  Р
Ф  Р  А  К  Ц  И  Я  Р  И  Ф  Щ  И  Я  Г
Д  И  А  М  Е  Т  Р  У  Г  Л  Ы  Е  Щ  Р
Ы  А  А  Р  И  Ф  М  Е  Т  И  К  А  Ф  С
```

АРИФМЕТИКА	ПОЛИГОН
ФРАКЦИЯ	ПЛОЩАДЬ
ДИАМЕТР	РАДИУС
ЭКСПОНЕНТ	СУММА
ГЕОМЕТРИЯ	СИММЕТРИЯ
УРАВНЕНИЕ	ПЕРИМЕТР
СФЕРА	ОБЪЕМ
ПАРАЛЛЕЛЬ	УГЛЫ

96 - Messungen

```
П Ш Ш Ч Ф Ъ Г Л У Б И Н А Т
Л С И П У Н Ц И Я Т Ъ Б Я О
Д А Р К Ш Ы А Т Б Ь Г М Ъ Н
М Н И Л Ж Ш Г Р А М М Ч Г Н
К Т Н О Б Ъ Е М Й Р Ц Н Р А
Д И А Щ Д Е С Я Т И Ч Н Ы Й
Ю М Л К И Л О Г Р А М М Н И
Й Е Л О В Ы С О Т А Ъ Б Ч Г
М Т М В М В Ф А О Ш П М Ф Щ
М Р Г Е Д Е Ч Ц Н Д Л И Н А
Н А Х К Т С Т У О Ю Л Н Щ Р
Б Ж С Ю Г Р В Р Ч Ц Ь У У Ъ
Ы Ш Х С С Т Е П Е Н Ь Т Р Г
Т Г И Ч А Щ Ъ Р В В С А У И
```

ШИРИНА	ЛИТР
БАЙТ	МАССА
ДЕСЯТИЧНЫЙ	МЕТР
ВЕС	МИНУТА
СТЕПЕНЬ	ГЛУБИНА
ГРАММ	ТОННА
ВЫСОТА	УНЦИЯ
КИЛОГРАММ	ОБЪЕМ
КИЛОМЕТР	САНТИМЕТР
ДЛИНА	ДЮЙМ

97 - Schlösser

```
И М Ф Ь Б Р О Н Я И Ц Ь Ь Х
Ъ М Е Ч Д Р А К О Н И Щ Ъ Н
М Т П Е Д И Н О Р О Г О А Е
Ф К Р Е П О С Т Ь Ы Н Ч Н У
Г В Я Е Р Ц М Ч Л Ф Ц И Щ В
Ч Ф Г Ж Щ И Т Щ Л О О А Г И
Д В О Р Е Ц Я Л У У Ш Л Р Б
Ь К А Т А П У Л Ь Т А А Ш Ь
К Б Л А Г О Р О Д Н Ы Й Д Ь
Ь Д П Р И Н Ц К О Р О Н А Ь
Д И Н А С Т И Я Б А Ш Н Я У
Л Ф Е О Д А Л Ь Н Ы Й Я Ш Х
П Р И Н Ц Е С С А С Т Е Н А
К О Р О Л Е В С Т В О Г Т Ы
```

ДРАКОН	ЛОШАДЬ
ДИНАСТИЯ	ПРИНЦ
БЛАГОРОДНЫЙ	ПРИНЦЕССА
ЕДИНОРОГ	ИМПЕРИЯ
КРЕПОСТЬ	РЫЦАРЬ
ФЕОДАЛЬНЫЙ	БРОНЯ
КАТАПУЛЬТА	ЩИТ
КОРОЛЕВСТВО	МЕЧ
КОРОНА	БАШНЯ
ДВОРЕЦ	СТЕНА

98 - Bauernhof #2

```
К Н Ж Я С Д Р Т П Е С Ж Т Л
Е У Т К А О В Ц А Щ П И Ч В
Ж К К Ш Д У Ю Ц С Я Е В У Ч
Е Л П У Ф Ю Л Т Т Г Л О Ь О
Ч Ф Ш Р Р Т У Е И Н Ы Т К Ю
У Л Е Ф У У Г Т Й Е Й Н М А
Ж А Н Р Ь Ч З Р О Н Ы Ы Я М
О М И У М Ч Д А В О Б Е Ч Б
Е А Ц К О Е Р К О К К А М А
А Ф А Т Л Ц Р Т Щ Щ Г Ш Е Р
П Щ Я Ъ Ь Ч О М Ф Л Ц Н Е
Ш Е Л Щ К И Р Р А Д Щ А Ь Ъ
Д А Х П О О Р О Ш Е Н И Е Ж
В У Е Щ Л Ф Ь К Х О Ж Д Ъ О
```

ФЕРМЕР	МОЛОКО
ОРОШЕНИЕ	САД
УЛЕЙ	СПЕЛЫЙ
УТКА	ОВЦА
ФРУКТ	ПАСТИ
ОВОЩ	АМБАР
ЯЧМЕНЬ	ЖИВОТНЫЕ
ЛАМА	ТРАКТОР
ЯГНЕНОК	ПШЕНИЦА
КУКУРУЗА	ЛУГ

99 - Berufe #2

С	П	П	Ъ	Я	Ю	Ы	И	Х	И	Р	У	Р	Г
Т	И	Ы	С	Ж	Ь	О	З	З	О	О	Л	О	Г
О	Л	Б	И	Б	Л	И	О	Т	Е	К	А	Р	Ь
М	О	П	Х	Л	У	Л	Б	М	Л	С	С	Ф	И
А	Т	П	Щ	Ю	Ч	Л	Р	И	И	А	Т	И	Н
Т	Ж	Д	Б	П	И	Ю	Е	Д	Н	Д	Р	Л	Ж
О	У	Д	Д	Б	Т	С	Т	Е	Г	О	О	О	Е
Л	Р	Б	У	И	Е	Т	А	Т	В	В	Н	С	Н
О	Н	Ъ	И	Х	Л	Р	Т	Е	И	Н	А	О	Е
Г	А	Р	М	О	Ь	А	Е	К	С	И	В	Ф	Р
С	Л	Д	К	Ц	Л	Т	Л	Т	Т	К	Т	Н	Ы
Ф	И	Е	Ш	Д	П	О	Ь	И	Ь	Ю	Б	У	К
Ю	С	Ю	К	Д	Ц	Р	Г	В	Р	А	Ч	В	Ф
П	Т	Х	У	Д	О	Ж	Н	И	К	Б	М	Щ	И

ВРАЧ	ИНЖЕНЕР
АСТРОНАВТ	ЖУРНАЛИСТ
БИБЛИОТЕКАРЬ	УЧИТЕЛЬ
БИОЛОГ	ЛИНГВИСТ
ХИРУРГ	ХУДОЖНИК
ДЕТЕКТИВ	ФИЛОСОФ
ИЗОБРЕТАТЕЛЬ	ПИЛОТ
САДОВНИК	СТОМАТОЛОГ
ИЛЛЮСТРАТОР	ЗООЛОГ

100 - Wetter

```
Т  Г  О  Т  Г  М  Х  Ъ  Я  Ъ  Щ  Р  Е  В
Е  П  Б  К  Р  Е  О  Е  Ъ  Ъ  Ф  А  Ц  Я
М  О  Л  Л  О  О  Ш  Л  Д  О  Ж  Д  А  К
П  Л  А  И  М  С  П  Ъ  Н  П  Д  У  Ы  З
Е  Я  К  М  К  Г  Ш  И  Х  И  М  Г  Б  А
Р  Р  О  А  Ф  Щ  В  Ц  Ч  Д  Я  А  У  С
А  Н  Ь  Т  Р  В  Ш  Ц  В  Е  Т  Е  Р  У
Т  Ы  Е  У  Р  А  Г  А  Н  Р  С  Ж  Я  Х
У  Й  Р  М  У  С  С  О  Н  У  Ы  К  Ф  А
Р  С  С  А  Т  О  Р  Н  А  Д  О  П  И  Ь
А  Ь  Я  Н  Л  Е  Д  Ц  Ь  С  У  Х  О  Й
Ж  Ы  Я  Е  П  Б  Ц  Ъ  С  Ш  Т  Е  Ь  Ъ
Е  Р  А  Б  Р  И  З  Ы  Я  Щ  С  У  Л  Ч
А  Т  М  О  С  Ф  Е  Р  А  С  Ъ  А  Ь  И
```

АТМОСФЕРА	ТУМАН
МОЛНИЯ	ПОЛЯРНЫЙ
БРИЗ	РАДУГА
ГРОМ	БУРЯ
ЗАСУХА	ТЕМПЕРАТУРА
ЛЕД	ТОРНАДО
НЕБО	СУХОЙ
УРАГАН	ТРОПИЧЕСКИЙ
КЛИМАТ	ВЕТЕР
МУССОН	ОБЛАКО

1 - Ozean

2 - Schule #1

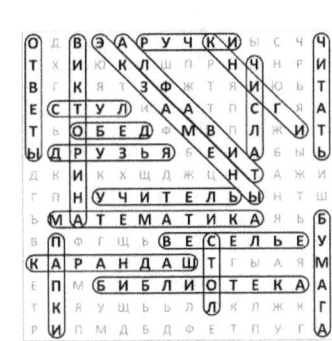

3 - Meditation

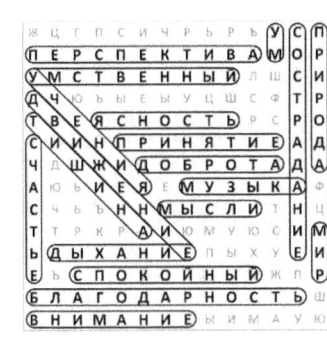

4 - Meisterschaft

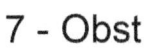

5 - Insekten

6 - Dinosaurier

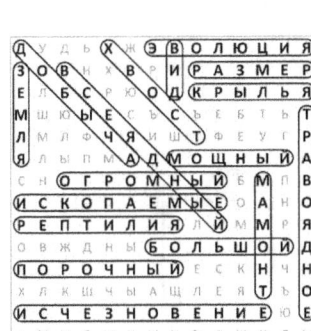

7 - Obst

8 - Schule #2

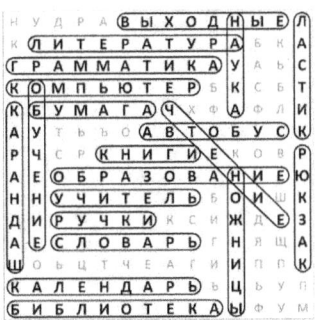

9 - Spielzeuge

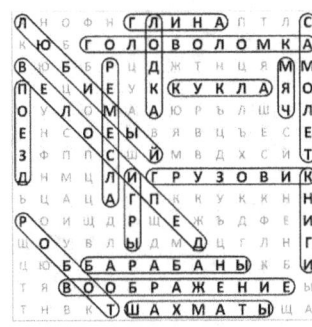

10 - Komödie

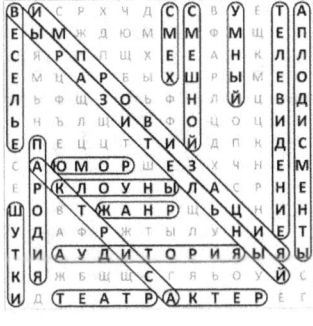

11 - Camping

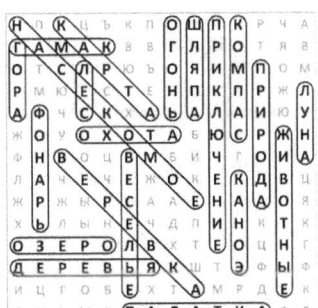

12 - Zeit

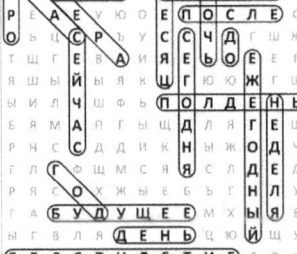

13 - Säugetiere

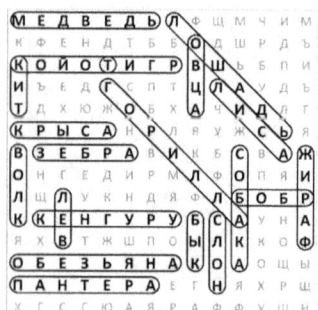

14 - Astronomie

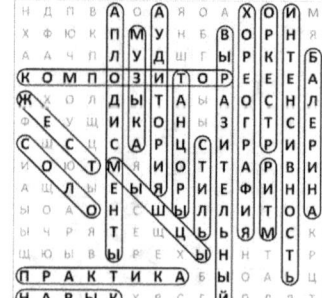

15 - Ballett

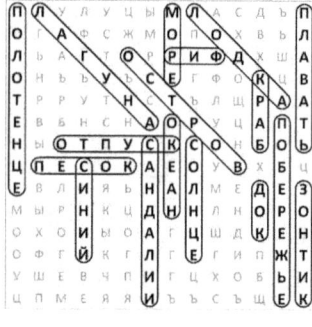

16 - Strand

17 - Restaurant #1

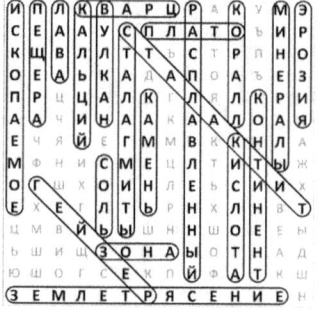

18 - Geologie

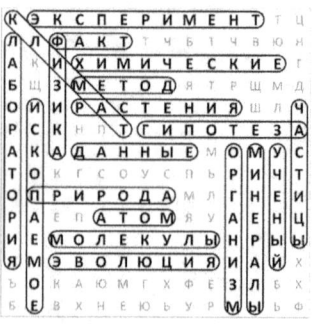

19 - Wissenschaft

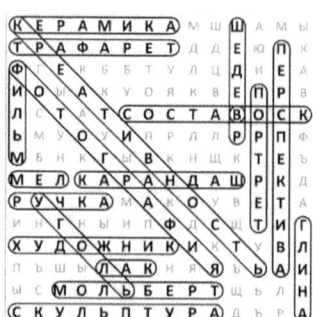

20 - Bildende Kunst

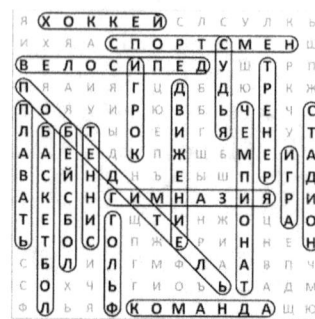

21 - Sport

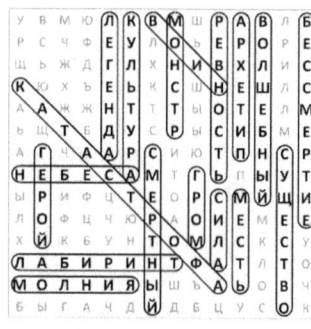

22 - Mythologie

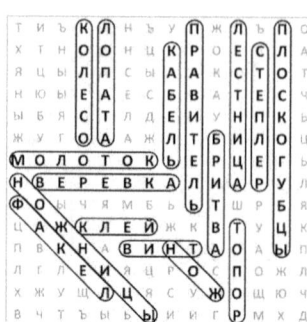

23 - Tools

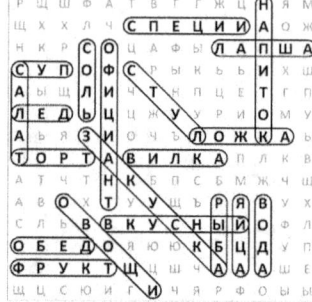

24 - Restaurant #2

25 - Ökologie

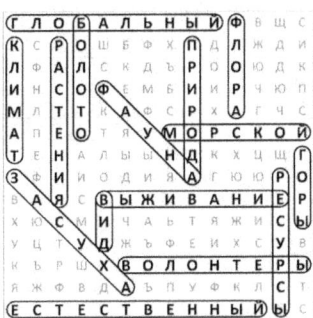

26 - Schokolade

27 - Boote

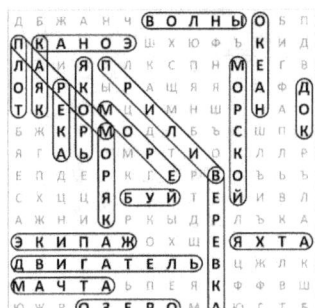

28 - Stadt

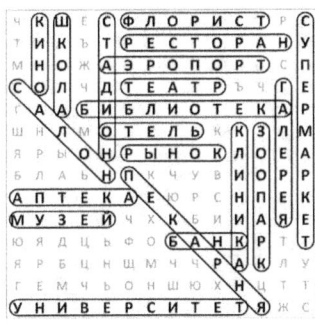

29 - Aktivitäten

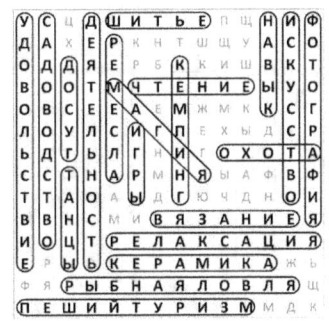

30 - Bienen

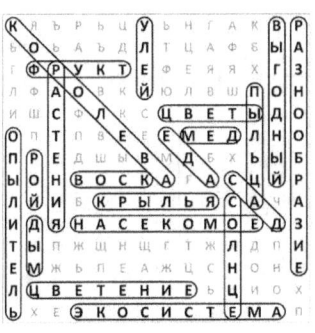

31 - Wissenschaftliche

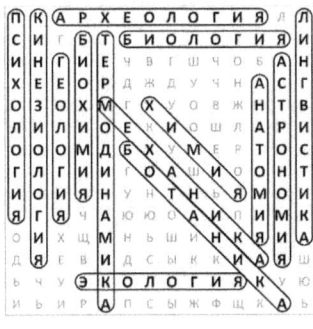

32 - Vögel

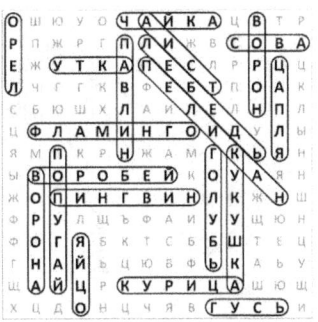

33 - Garten

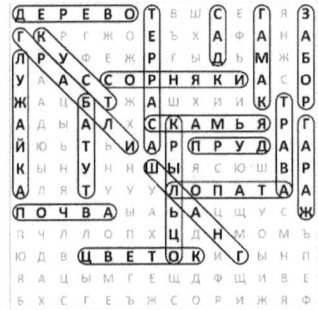

34 - Antarktis

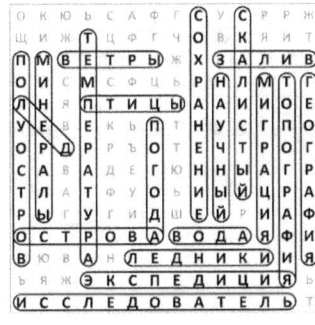

35 - Fahren

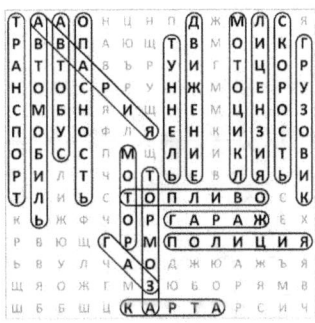

36 - Bücher

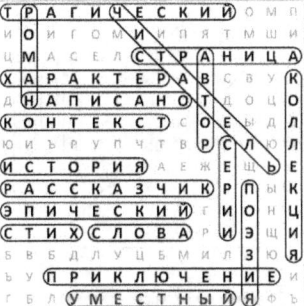

37 - Menschlicher Körper

38 - Klettern

39 - Landschaften

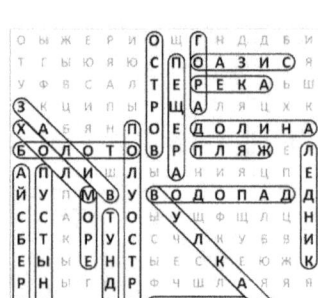

40 - Abenteuer

41 - Flugzeuge

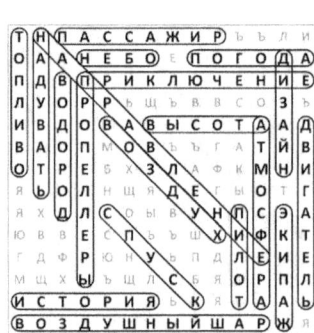

42 - Haartypen

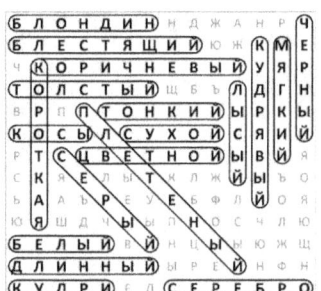

43 - Essen #1

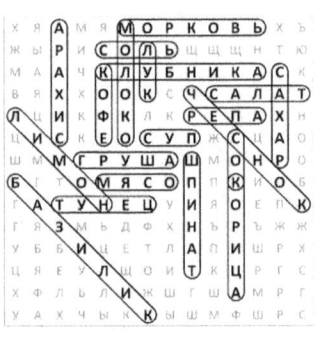

44 - Gebäude

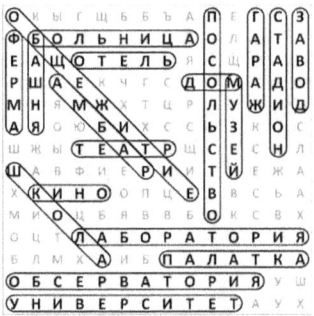

45 - Angeln

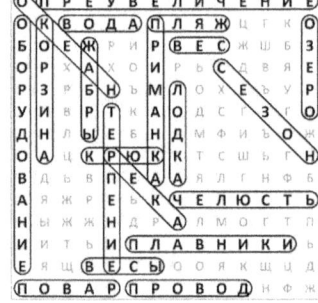

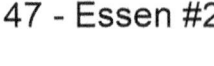

46 - Regenwald

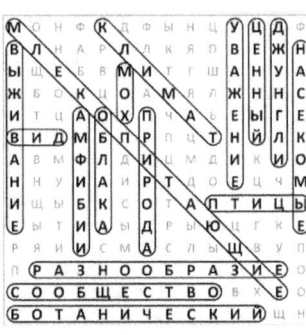

47 - Essen #2

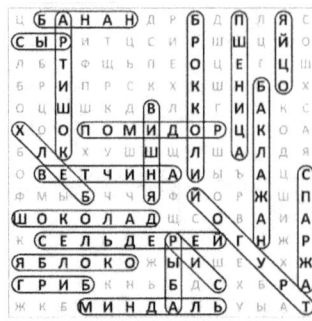

48 - Familie

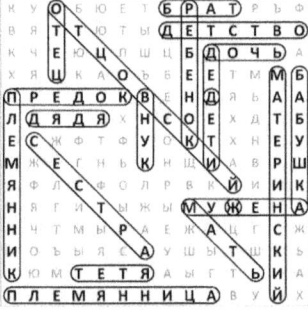

49 - Pflanzen

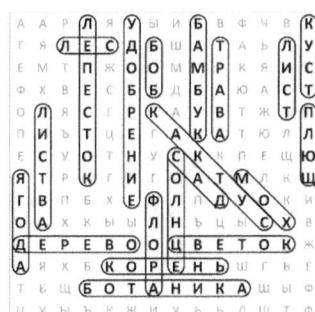

50 - Kunst

51 - Gewürze

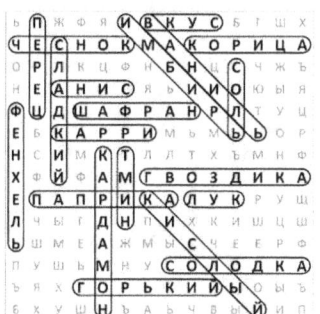

52 - Gemüse

53 - Katzen

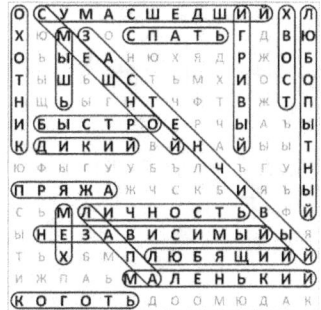

54 - Tanzen

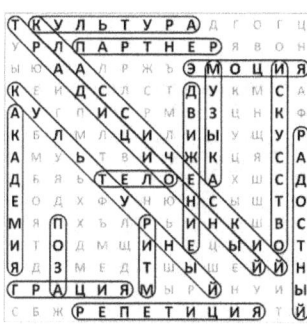

55 - Ernährung

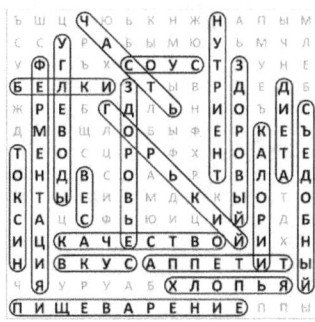

56 - Technologie

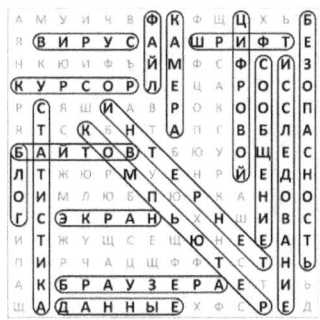

57 - Wasser

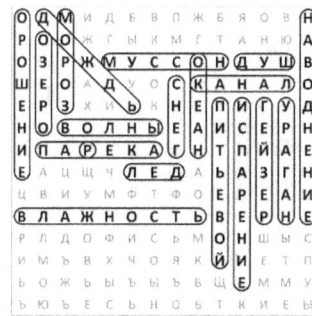

58 - Science Fiction

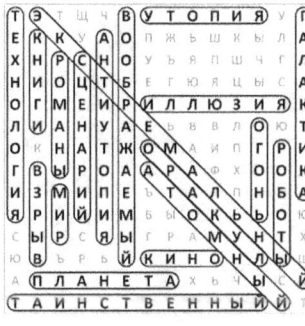

59 - Haustiere

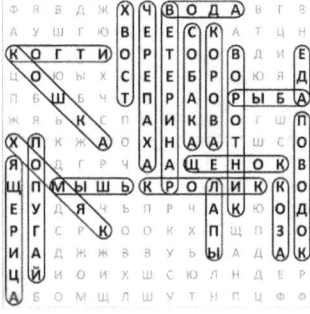

60 - Geburtstag

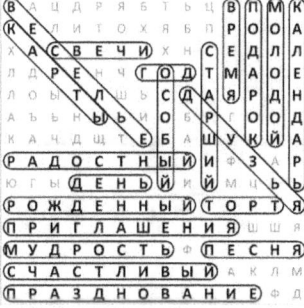

61 - Literatur

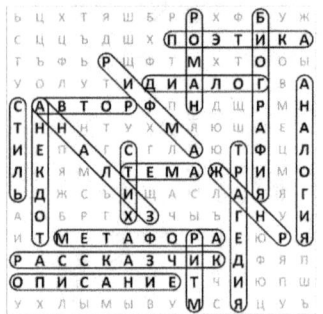

62 - Wandern

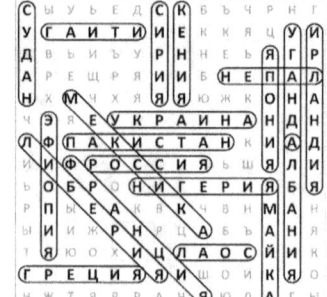

63 - Länder #2

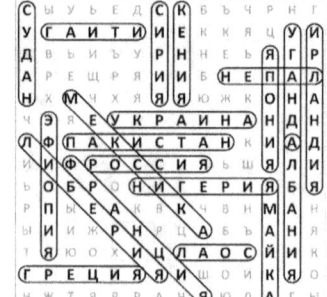

64 - Fahrzeuge

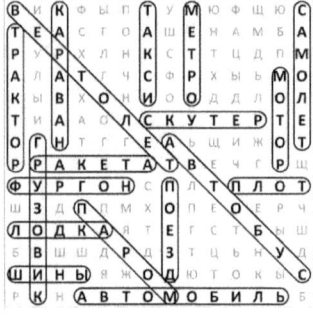

65 - Badezimmer

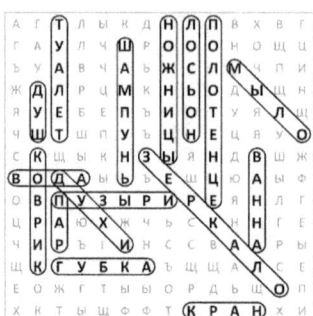

66 - Musikinstrumente

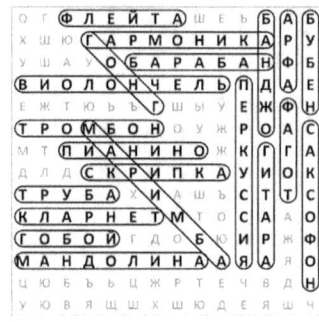

67 - Blumen

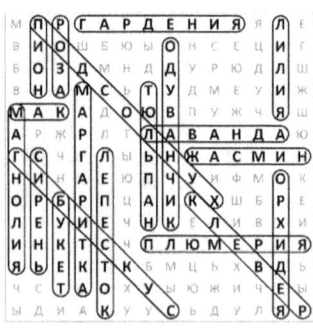

68 - Natur

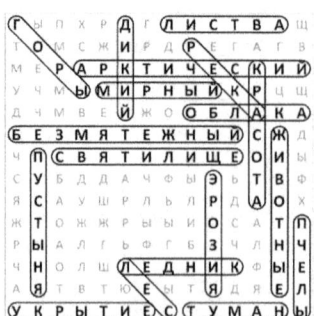

69 - Urlaub #2

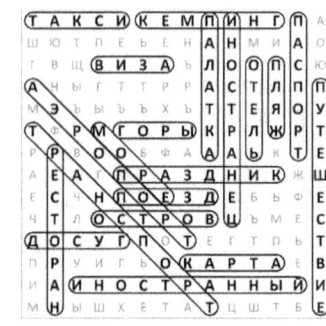

70 - Zirkus

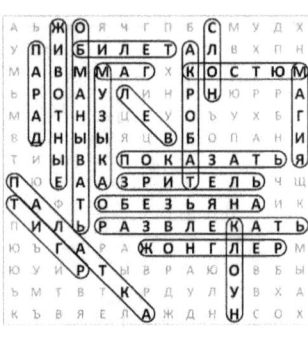

71 - Barbecues

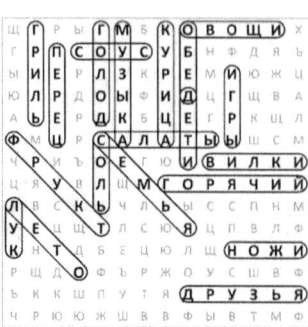

72 - Küche

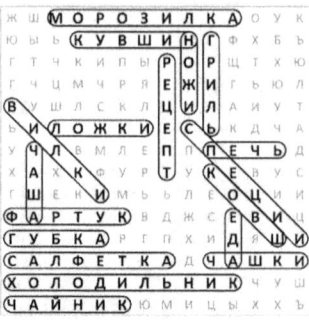

73 - Schach

74 - Geographie

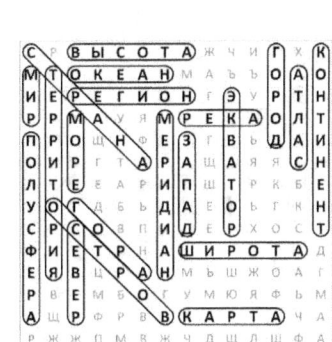

75 - Zahlen

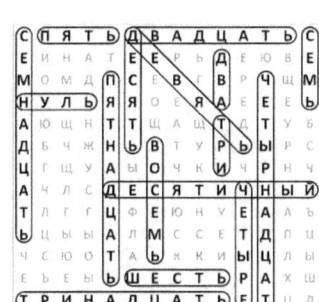

76 - Urlaub #1

77 - Kunst Liefert

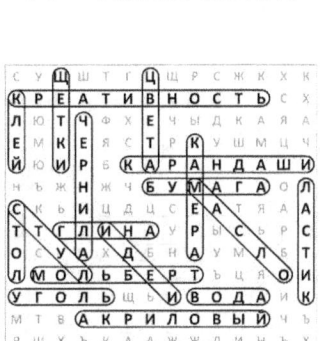

78 - Tage und Monate

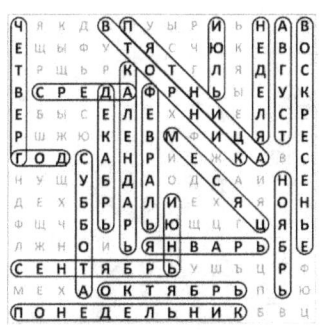

79 - Piraten

80 - Emotionen

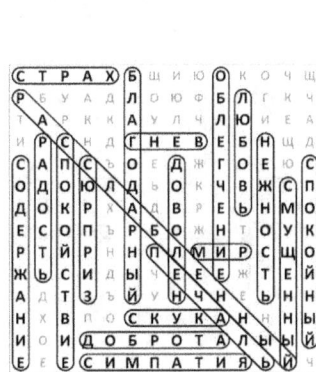

81 - Zu Füllen

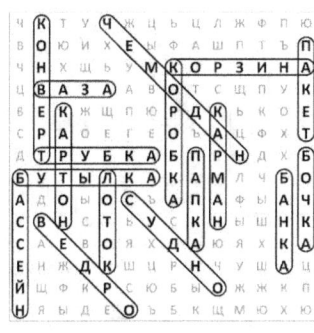

82 - Surfen

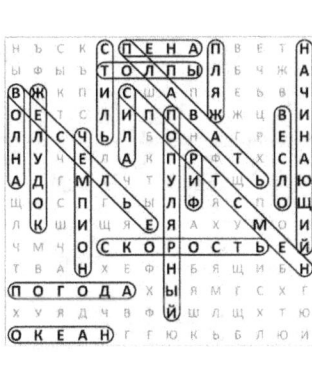

83 - Kräuterkunde

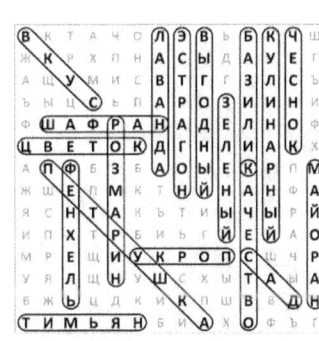

84 - Tugenden #1

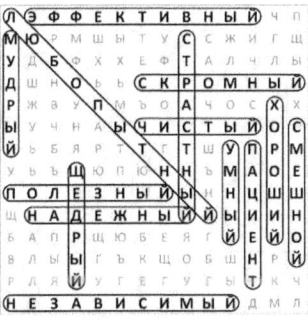

85 - Aktivitäten und Freizeit

86 - Formen

87 - Adjektive #2

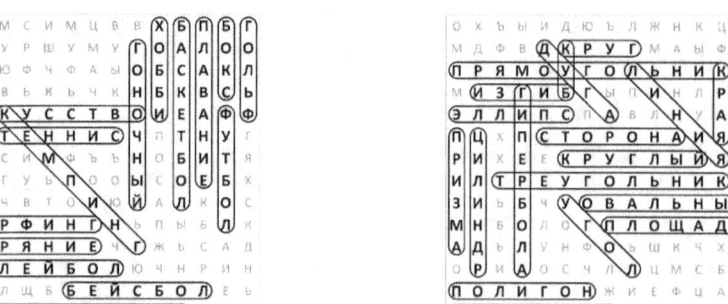
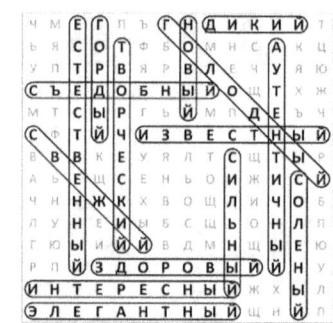

88 - Kleidung

89 - Sommer

90 - Farben

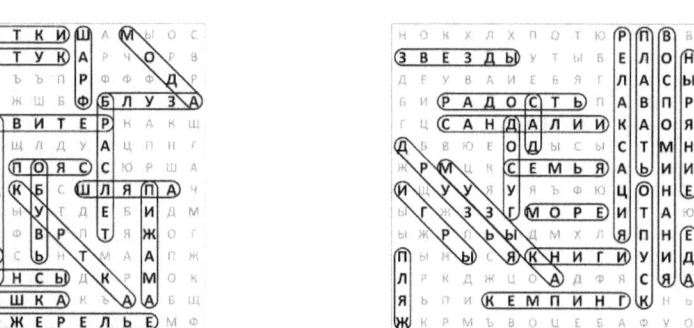
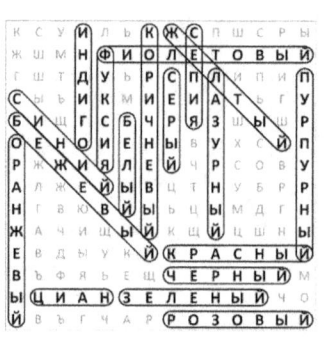

91 - Haus

92 - Bauernhof #1

93 - Berufe #1

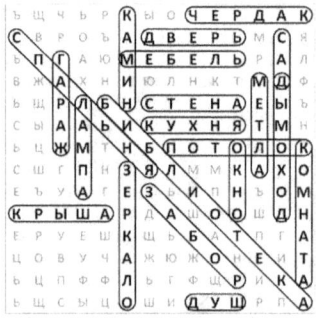
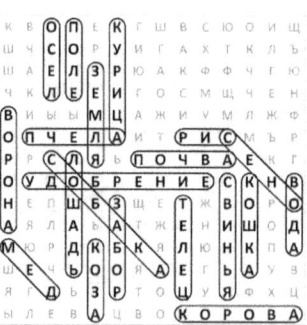
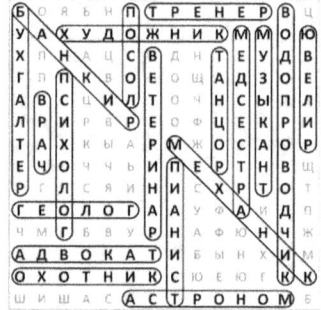

94 - Adjektive #1

95 - Mathematik

96 - Messungen

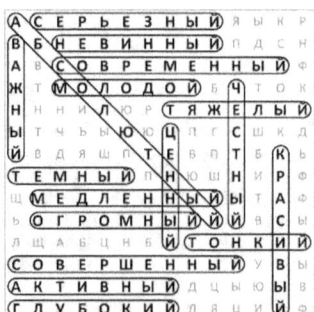
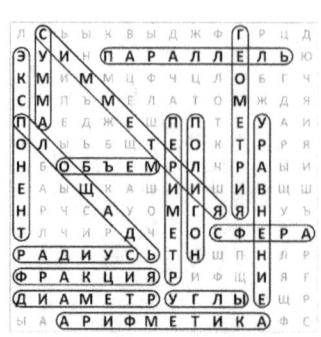
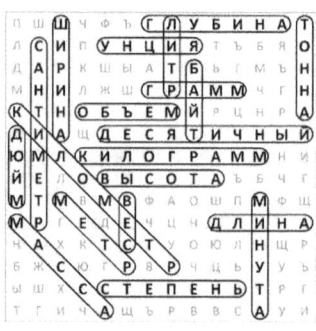

97 - Schlösser

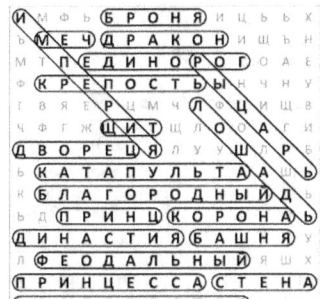

98 - Bauernhof #2

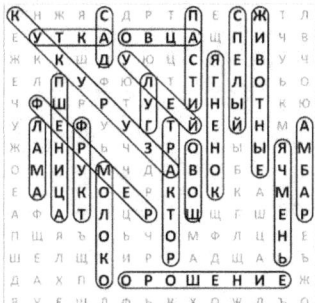

99 - Berufe #2

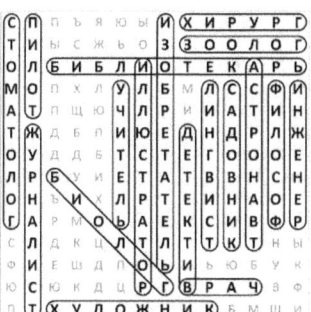

100 - Wetter

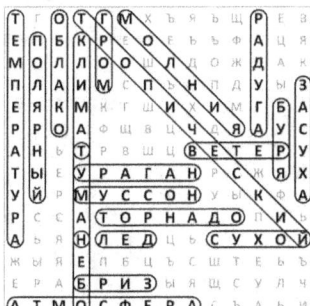

Wörterbuch

Abenteuer
Приключение

Aktivität	Деятельность
Ausflug	Экскурсия
Begeisterung	Энтузиазм
Chance	Шанс
Freude	Радость
Freunde	Друзья
Gefährlich	Опасный
Gelegenheit	Возможность
Natur	Природа
Navigation	Навигация
Neu	Новый
Route	Маршрут
Schönheit	Красота
Schwierigkeit	Трудность
Sicherheit	Безопасность
Tapferkeit	Храбрость
Ungewöhnlich	Необычный
Vorbereitung	Подготовка

Adjektive #1
Прилагательные #1

Absolut	Абсолютный
Aktiv	Активный
Aromatisch	Ароматический
Dunkel	Темный
Dünn	Тонкий
Ehrlich	Честный
Ernst	Серьезный
Glücklich	Счастливый
Identisch	Идентичный
Jung	Молодой
Langsam	Медленный
Modern	Современный
Perfekt	Совершенный
Riesig	Огромный
Schön	Красивый
Schwer	Тяжелый
Tief	Глубокий
Unschuldig	Невинный
Wertvoll	Ценный
Wichtig	Важный

Adjektive #2
Прилагательные #2

Authentisch	Аутентичный
Berühmt	Известный
Beschreibend	Описательный
Dramatisch	Драматический
Elegant	Элегантный
Essbar	Съедобный
Frisch	Свежий
Gesund	Здоровый
Hungrig	Голодный
Interessant	Интересный
Kreativ	Творческий
Natürlich	Естественный
Neu	Новый
Normal	Нормальный
Produktiv	Продуктивный
Salzig	Соленый
Stark	Сильный
Stolz	Гордый
Verantwortlich	Ответственный
Wild	Дикий

Aktivitäten
Виды Деятельности

Aktivität	Деятельность
Angeln	Рыбная Ловля
Camping	Кемпинг
Entspannung	Релаксация
Fähigkeit	Навык
Fotografie	Фотография
Freizeit	Досуг
Gartenarbeit	Садоводство
Jagd	Охота
Keramik	Керамика
Kunst	Искусство
Kunsthandwerk	Ремесла
Lesen	Чтение
Magie	Магия
Nähen	Шитье
Spiele	Игры
Stricken	Вязание
Tanzen	Танцы
Vergnügen	Удовольствие
Wandern	Пеший Туризм

Aktivitäten und Freizeit
Развлечения и Досуг

Angeln	Рыбная Ловля
Baseball	Бейсбол
Basketball	Баскетбол
Boxen	Бокс
Camping	Кемпинг
Entspannend	Расслабляющий
Fussball	Футбол
Gartenarbeit	Садоводство
Golf	Гольф
Hobbies	Хобби
Kunst	Искусство
Rennen	Гоночный
Schwimmen	Плавание
Surfen	Серфинг
Tauchen	Ныряние
Tennis	Теннис
Volleyball	Волейбол
Wandern	Пеший Туризм

Angeln
Рыбалка

Ausrüstung	Оборудование
Boot	Лодка
Draht	Провод
Flossen	Плавники
Fluss	Река
Geduld	Терпение
Gewicht	Вес
Haken	Крюк
Jahreszeit	Сезон
Kiefer	Челюсть
Kiemen	Жабры
Kochen	Повар
Korb	Корзина
Köder	Приманка
Ozean	Океан
See	Озеро
Strand	Пляж
Übertreibung	Преувеличение
Waage	Весы
Wasser	Вода

Antarktis
Антарктида

Bucht	Залив
Eis	Лед
Erhaltung	Сохранение
Expedition	Экспедиция
Felsig	Скалистый
Forscher	Исследователь
Geographie	География
Gletscher	Ледники
Halbinsel	Полуостров
Inseln	Острова
Kontinent	Континент
Migration	Миграция
Mineralien	Минералы
Temperatur	Температура
Topographie	Топография
Vögel	Птицы
Wasser	Вода
Wetter	Погода
Wind	Ветры
Wissenschaftlich	Научный

Astronomie
Астрономия

Asteroid	Астероид
Astronaut	Астронавт
Astronom	Астроном
Erde	Земля
Himmel	Небо
Komet	Комета
Konstellation	Созвездие
Kosmos	Космос
Meteor	Метеор
Mond	Луна
Nebel	Туманность
Observatorium	Обсерватория
Planet	Планета
Rakete	Ракета
Satellit	Спутник
Stern	Звезда
Supernova	Сверхновая
Teleskop	Телескоп
Tierkreis	Зодиак
Universum	Вселенная

Badezimmer
Ванная

Bad	Ванна
Blasen	Пузыри
Dampf	Пар
Dusche	Душ
Handtuch	Полотенце
Lotion	Лосьон
Parfüm	Духи
Schere	Ножницы
Schwamm	Губка
Seife	Мыло
Shampoo	Шампунь
Spiegel	Зеркало
Teppich	Коврик
Toilette	Туалет
Wasser	Вода
Wasserhahn	Кран

Ballett
Балет

Applaus	Аплодисменты
Ausdrucksvoll	Выразительный
Ballerina	Балерина
Choreographie	Хореография
Fähigkeit	Навык
Geste	Жест
Intensität	Интенсивность
Komponist	Композитор
Musik	Музыка
Muskel	Мышцы
Orchester	Оркестр
Praxis	Практика
Probe	Репетиция
Publikum	Аудитория
Rhythmus	Ритм
Solo	Соло
Stil	Стиль
Tänzer	Танцоры
Technik	Техника

Barbecues
Барбекю

Abendessen	Обед
Familie	Семья
Freunde	Друзья
Frucht	Фрукт
Gabeln	Вилки
Gemüse	Овощи
Grill	Гриль
Heiss	Горячий
Huhn	Курица
Hunger	Голод
Kinder	Дети
Messer	Ножи
Musik	Музыка
Pfeffer	Перец
Salate	Салаты
Salz	Соль
Sommer	Лето
Sosse	Соус
Spiele	Игры
Zwiebeln	Лук

Bauernhof #1
Ферма #1

Biene	Пчела
Boden	Почва
Dünger	Удобрение
Esel	Осел
Feld	Поле
Heu	Сено
Honig	Мед
Huhn	Курица
Hund	Собака
Kalb	Телец
Katze	Кошка
Krähe	Ворона
Kuh	Корова
Land	Земля
Pferd	Лошадь
Reis	Рис
Schwein	Свинья
Wasser	Вода
Zaun	Забор
Ziege	Коза

Bauernhof #2
Ферма #2

Bauer	Фермер
Bewässerung	Орошение
Bienenstock	Улей
Ente	Утка
Frucht	Фрукт
Gemüse	Овощ
Gerste	Ячмень
Lama	Лама
Lamm	Ягненок
Mais	Кукуруза
Milch	Молоко
Obstgarten	Сад
Reif	Спелый
Schaf	Овца
Schäfer	Пасти
Scheune	Амбар
Tiere	Животные
Traktor	Трактор
Weizen	Пшеница
Wiese	Луг

Berufe #1
Профессии #1

Arzt	Врач
Astronom	Астроном
Bankier	Банкир
Botschafter	Посол
Buchhalter	Бухгалтер
Geologe	Геолог
Jäger	Охотник
Juwelier	Ювелир
Kartograph	Картограф
Klempner	Водопроводчик
Krankenschwester	Медсестра
Künstler	Художник
Mechaniker	Механик
Musiker	Музыкант
Pianist	Пианист
Psychologe	Психолог
Rechtsanwalt	Адвокат
Tänzer	Танцор
Tierarzt	Ветеринар
Trainer	Тренер

Berufe #2
Профессии #2

Arzt	Врач
Astronaut	Астронавт
Bibliothekar	Библиотекарь
Biologe	Биолог
Chirurg	Хирург
Detektiv	Детектив
Erfinder	Изобретатель
Forscher	Исследователь
Fotograf	Фотограф
Gärtner	Садовник
Illustrator	Иллюстратор
Ingenieur	Инженер
Journalist	Журналист
Lehrer	Учитель
Linguist	Лингвист
Maler	Художник
Philosoph	Философ
Pilot	Пилот
Zahnarzt	Стоматолог
Zoologe	Зоолог

Bienen
Пчелы

Bestäuber	Опылитель
Bienenkorb	Улей
Blumen	Цветы
Blüte	Цветение
Essen	Еда
Flügel	Крылья
Frucht	Фрукт
Garten	Сад
Honig	Мед
Insekt	Насекомое
Königin	Королева
Ökosystem	Экосистема
Pflanzen	Растения
Pollen	Пыльца
Rauch	Дым
Schwarm	Рой
Sonne	Солнце
Vielfalt	Разнообразие
Vorteilhaft	Выгодный
Wachs	Воск

Bildende Kunst
Изобразительное Искусство

Architektur	Архитектура
Bleistift	Карандаш
Film	Фильм
Foto	Фотография
Holzkohle	Уголь
Keramik	Керамика
Kreativität	Креативность
Kreide	Мел
Künstler	Художник
Lack	Лак
Meisterwerk	Шедевр
Perspektive	Перспектива
Porträt	Портрет
Schablone	Трафарет
Skulptur	Скульптура
Staffelei	Мольберт
Stift	Ручка
Ton	Глина
Wachs	Воск
Zusammensetzung	Состав

Blumen
Цветы

Blütenblatt	Лепесток
Gardenie	Гардения
Gänseblümchen	Маргаритка
Hibiskus	Гибискус
Jasmin	Жасмин
Klee	Клевер
Lavendel	Лаванда
Lila	Сирень
Lilie	Лилия
Löwenzahn	Одуванчик
Magnolie	Магнолия
Mohn	Мак
Orchidee	Орхидея
Pfingstrose	Пион
Plumeria	Плюмерия
Rose	Роза
Sonnenblume	Подсолнух
Strauss	Букет
Tulpe	Тюльпан

Boote
Лодки

Anker	Якорь
Boje	Буй
Crew	Экипаж
Dock	Док
Fähre	Паром
Floss	Плот
Fluss	Река
Kajak	Каяк
Kanu	Каноэ
Mast	Мачта
Meer	Море
Motor	Двигатель
Nautisch	Морской
Ozean	Океан
See	Озеро
Seemann	Моряк
Seil	Веревка
Tide	Прилив
Wellen	Волны
Yacht	Яхта

Bücher
Книги

Abenteuer	Приключение
Autor	Автор
Charakter	Характер
Episch	Эпический
Erzähler	Рассказчик
Gedicht	Стих
Geschichte	История
Geschrieben	Написано
Historisch	Исторический
Kollektion	Коллекция
Kontext	Контекст
Leser	Читатель
Literarisch	Литературный
Poesie	Поэзия
Relevant	Уместный
Roman	Роман
Seite	Страница
Serie	Серии
Tragisch	Трагический
Wörter	Слова

Camping
Кемпинг

Abenteuer	Приключение
Bäume	Деревья
Berg	Гора
Feuer	Огонь
Hängematte	Гамак
Hut	Шляпа
Insekt	Насекомое
Jagd	Охота
Kanu	Каноэ
Karte	Карта
Kompass	Компас
Laterne	Фонарь
Mond	Луна
Natur	Природа
See	Озеро
Seil	Веревка
Spass	Веселье
Tiere	Животные
Wald	Лес
Zelt	Палатка

Dinosaurier
Динозавры

Allesfresser	Всеядный
Art	Вид
Beute	Добыча
Bösartig	Порочный
Enorm	Огромный
Erde	Земля
Evolution	Эволюция
Flügel	Крылья
Fossilien	Ископаемые
Gross	Большой
Grösse	Размер
Leistungsstark	Мощный
Mammut	Мамонт
Pflanzenfresser	Травоядное
Reptil	Рептилия
Schwanz	Хвост
Verschwinden	Исчезновение

Emotionen
Эмоции

Angst	Страх
Beschämt	Смущенный
Dankbar	Благодарный
Entspannt	Расслабленный
Freude	Радость
Freundlichkeit	Доброта
Frieden	Мир
Inhalt	Содержание
Langeweile	Скука
Liebe	Любовь
Relief	Облегчение
Ruhe	Спокойствие
Ruhig	Спокойный
Sympathie	Симпатия
Traurigkeit	Печаль
Überraschen	Сюрприз
Wut	Гнев
Zärtlichkeit	Нежность
Zufrieden	Доволен

Ernährung
Питание

Appetit	Аппетит
Bitter	Горький
Diät	Диета
Essbar	Съедобный
Fermentation	Ферментация
Geschmack	Вкус
Gesund	Здоровый
Gesundheit	Здоровье
Getreide	Хлопья
Gewicht	Вес
Kalorien	Калории
Kohlenhydrate	Углеводы
Nährstoff	Нутриент
Portion	Часть
Proteine	Белки
Qualität	Качество
Sosse	Соус
Toxin	Токсин
Verdauung	Пищеварение
Vitamin	Витамин

Essen #1
Еда #1

Basilikum	Базилик
Birne	Груша
Erdbeere	Клубника
Erdnuss	Арахис
Fleisch	Мясо
Kaffee	Кофе
Karotte	Морковь
Knoblauch	Чеснок
Milch	Молоко
Rübe	Репа
Saft	Сок
Salat	Салат
Salz	Соль
Spinat	Шпинат
Suppe	Суп
Thunfisch	Тунец
Zimt	Корица
Zitrone	Лимон
Zucker	Сахар
Zwiebel	Лук

Essen #2
Еда #2

Apfel	Яблоко
Artischocke	Артишок
Aubergine	Баклажан
Banane	Банан
Brokkoli	Брокколи
Brot	Хлеб
Ei	Яйцо
Fisch	Рыба
Joghurt	Йогурт
Käse	Сыр
Kirsche	Вишня
Mandel	Миндаль
Pilz	Гриб
Reis	Рис
Schinken	Ветчина
Schokolade	Шоколад
Sellerie	Сельдерей
Spargel	Спаржа
Tomate	Помидор
Weizen	Пшеница

Fahren
Вождение

Auto	Автомобиль
Bremsen	Тормоза
Brennstoff	Топливо
Bus	Автобус
Garage	Гараж
Gas	Газ
Gefahr	Опасность
Geschwindigkeit	Скорость
Karte	Карта
Lizenz	Лицензия
Lkw	Грузовик
Motor	Мотор
Motorrad	Мотоцикл
Polizei	Полиция
Sicherheit	Безопасность
Transport	Транспорт
Tunnel	Туннель
Unfall	Авария
Verkehr	Движение
Vorsicht	Осторожность

Fahrzeuge
Транспортные Средства

Auto	Автомобиль
Boot	Лодка
Bus	Автобус
Fahrrad	Велосипед
Fähre	Паром
Floss	Плот
Flugzeug	Самолет
Hubschrauber	Вертолет
Lkw	Грузовик
Motor	Мотор
Rakete	Ракета
Reifen	Шины
Roller	Скутер
Taxi	Такси
Traktor	Трактор
U-Bahn	Метро
Van	Фургон
Wohnwagen	Караван
Zug	Поезд

Familie
Семья

Bruder	Брат
Ehefrau	Жена
Ehemann	Муж
Enkel	Внук
Grossmutter	Бабушка
Grossvater	Дед
Kind	Ребенок
Kinder	Дети
Kindheit	Детство
Mutter	Мать
Mütterlich	Материнский
Neffe	Племянник
Nichte	Племянница
Onkel	Дядя
Schwester	Сестра
Tante	Тетя
Tochter	Дочь
Vater	Отец
Väterlich	Отцовский
Vorfahr	Предок

Farben
Цвета

Azurblau	Лазурный
Beige	Бежевый
Blau	Синий
Braun	Коричневый
Fuchsie	Фуксия
Gelb	Желтый
Grau	Серый
Grün	Зеленый
Indigo	Индиго
Lila	Фиолетовый
Magenta	Пурпурный
Orange	Оранжевый
Rosa	Розовый
Rot	Красный
Schwarz	Черный
Sepia	Сепия
Weiss	Белый
Zyan	Циан

Flugzeuge
Самолеты

Abenteuer	Приключение
Abstieg	Спуск
Atmosphäre	Атмосфера
Aufblasen	Надувать
Ballon	Воздушный Шар
Brennstoff	Топливо
Crew	Экипаж
Design	Дизайн
Geschichte	История
Himmel	Небо
Höhe	Высота
Konstruktion	Строительство
Luft	Воздух
Motor	Двигатель
Passagier	Пассажир
Pilot	Пилот
Propeller	Пропеллеры
Richtung	Направление
Wasserstoff	Водород
Wetter	Погода

Formen
Формы

Bogen	Дуга
Dreieck	Треугольник
Ecke	Угол
Ellipse	Эллипс
Hyperbel	Гипербола
Kanten	Края
Kegel	Конус
Kreis	Круг
Kurve	Изгиб
Linie	Линия
Oval	Овальный
Polygon	Полигон
Prisma	Призма
Pyramide	Пирамида
Quadrat	Площадь
Rechteck	Прямоугольник
Rund	Круглый
Seite	Сторона
Würfel	Куб
Zylinder	Цилиндр

Garten
Сад

Bank	Скамья
Baum	Дерево
Blume	Цветок
Boden	Почва
Busch	Куст
Garage	Гараж
Garten	Сад
Gras	Трава
Hängematte	Гамак
Rasen	Лужайка
Rechen	Грабли
Schaufel	Лопата
Schlauch	Шланг
Teich	Пруд
Terrasse	Терраса
Trampolin	Батут
Unkraut	Сорняки
Veranda	Крыльцо
Zaun	Забор

Gebäude
Здания

Bauernhof	Ферма
Botschaft	Посольство
Fabrik	Завод
Garage	Гараж
Haus	Дом
Herberge	Общежитие
Hotel	Отель
Kino	Кино
Krankenhaus	Больница
Labor	Лаборатория
Museum	Музей
Observatorium	Обсерватория
Scheune	Амбар
Schule	Школа
Stadion	Стадион
Supermarkt	Супермаркет
Theater	Театр
Turm	Башня
Universität	Университет
Zelt	Палатка

Geburtstag
День Рождения

Älter	Старший
Einladungen	Приглашения
Feier	Празднование
Freudig	Радостный
Freunde	Друзья
Geboren	Рожденный
Geschenk	Подарок
Glücklich	Счастливый
Jahr	Год
Jung	Молодой
Kalender	Календарь
Karten	Карты
Kerzen	Свечи
Kuchen	Торт
Lied	Песня
Spass	Веселье
Spezial	Особый
Tag	День
Weisheit	Мудрость
Zeit	Время

Gemüse
Овощи

Artischocke	Артишок
Aubergine	Баклажан
Brokkoli	Брокколи
Erbse	Горох
Gurke	Огурец
Ingwer	Имбирь
Karotte	Морковь
Kartoffel	Картофель
Knoblauch	Чеснок
Kürbis	Тыква
Olive	Оливка
Petersilie	Петрушка
Pilz	Гриб
Rübe	Репа
Salat	Салат
Sellerie	Сельдерей
Spinat	Шпинат
Tomate	Помидор
Zucchini	Цуккини
Zwiebel	Лук

Geographie
География

Atlas	Атлас
Äquator	Экватор
Berg	Гора
Breite	Широта
Fluss	Река
Gebiet	Территория
Hemisphäre	Полусфера
Höhe	Высота
Insel	Остров
Karte	Карта
Kontinent	Континент
Land	Страна
Meer	Море
Meridian	Меридиан
Norden	Север
Ozean	Океан
Region	Регион
Stadt	Город
Welt	Мир
West	Запад

Geologie
Геология

Erdbeben	Землетрясение
Erosion	Эрозия
Fossil	Ископаемое
Geschmolzen	Расплавленный
Geysir	Гейзер
Höhle	Пещера
Kalzium	Кальций
Kontinent	Континент
Koralle	Коралл
Lava	Лава
Mineralien	Минералы
Plateau	Плато
Quarz	Кварц
Salz	Соль
Säure	Кислота
Stalagmiten	Сталагмиты
Stalaktit	Сталактит
Stein	Камень
Vulkan	Вулкан
Zone	Зона

Gewürze
Специи

Anis	Анис
Bitter	Горький
Curry	Карри
Fenchel	Фенхель
Geschmack	Вкус
Ingwer	Имбирь
Kardamom	Кардамон
Knoblauch	Чеснок
Kreuzkümmel	Тмин
Lakritze	Солодка
Nelke	Гвоздика
Paprika	Паприка
Pfeffer	Перец
Safran	Шафран
Salz	Соль
Sauer	Кислый
Süss	Сладкий
Vanille	Ваниль
Zimt	Корица
Zwiebel	Лук

Haartypen
Типы Волос

Blond	Блондин
Braun	Коричневый
Dick	Толстый
Dünn	Тонкий
Farbig	Цветной
Geflochten	Плетеный
Gesund	Здоровый
Glänzend	Блестящий
Grau	Серый
Kahl	Лысый
Kurz	Короткая
Lang	Длинный
Locken	Кудри
Lockig	Кудрявый
Schwarz	Черный
Silber	Серебро
Trocken	Сухой
Weich	Мягкий
Weiss	Белый
Zöpfe	Косы

Haus
Дом

Besen	Метла
Bibliothek	Библиотека
Dach	Крыша
Dachboden	Чердак
Decke	Потолок
Dusche	Душ
Fenster	Окно
Garage	Гараж
Garten	Сад
Kamin	Камин
Küche	Кухня
Lampe	Лампа
Möbel	Мебель
Schlafzimmer	Спальня
Schornstein	Дымоход
Spiegel	Зеркало
Tür	Дверь
Wand	Стена
Zaun	Забор
Zimmer	Комната

Haustiere
Домашние Животные

Eidechse	Ящерица
Essen	Еда
Fisch	Рыба
Hamster	Хомяк
Hase	Кролик
Hund	Собака
Katze	Кошка
Kragen	Воротник
Krallen	Когти
Kuh	Корова
Leine	Поводок
Maus	Мышь
Papagei	Попугай
Pfoten	Лапы
Schildkröte	Черепаха
Schwanz	Хвост
Tierarzt	Ветеринар
Wasser	Вода
Welpe	Щенок
Ziege	Коза

Insekten
Насекомые

Ameise	Муравей
Biene	Пчела
Blattlaus	Тля
Floh	Блоха
Gottesanbeterin	Богомол
Heuschrecke	Кузнечик
Hornisse	Шершень
Kakerlake	Таракан
Käfer	Жук
Larve	Личинка
Libelle	Стрекоза
Marienkäfer	Божья Коровка
Mücke	Комар
Schmetterling	Бабочка
Termite	Термит
Wespe	Оса
Wurm	Червь
Zikade	Цикада

Katzen
Кошки

Fell	Мех
Garn	Пряжа
Jäger	Охотник
Komisch	Смешной
Kralle	Коготь
Liebevoll	Любящий
Maus	Мышь
Neugierig	Любопытный
Persönlichkeit	Личность
Pfote	Лапа
Schlafen	Спать
Schnell	Быстро
Schüchtern	Застенчивый
Schwanz	Хвост
Unabhängig	Независимый
Verrückt	Сумасшедший
Verspielt	Игривый
Wenig	Маленький
Wild	Дикий

Kleidung
Одежда

Armband	Браслет
Bluse	Блуза
Gürtel	Пояс
Halskette	Ожерелье
Handschuhe	Перчатки
Hemd	Рубашка
Hose	Брюки
Hut	Шляпа
Jacke	Куртка
Jeans	Джинсы
Kleid	Платье
Mantel	Пальто
Mode	Мода
Pullover	Свитер
Rock	Юбка
Sandalen	Сандалии
Schal	Шарф
Schlafanzug	Пижама
Schuh	Обувь
Schürze	Фартук

Klettern
Альпинизм

Atmosphäre	Атмосфера
Ausbildung	Обучение
Experte	Эксперт
Handschuhe	Перчатки
Helm	Шлем
Höhe	Высота
Höhle	Пещера
Karte	Карта
Neugier	Любопытство
Physisch	Физический
Schmal	Узкий
Stabilität	Стабильность
Stärke	Сила
Stiefel	Ботинки
Verletzung	Травма
Wandern	Пеший Туризм

Komödie
Комедия

Applaus	Аплодисменты
Ausdrucksvoll	Выразительный
Clowns	Клоуны
Fernsehen	Телевидение
Genre	Жанр
Humor	Юмор
Improvisation	Импровизация
Klug	Умный
Komisch	Смешной
Lachen	Смех
Parodie	Пародия
Publikum	Аудитория
Schauspieler	Актер
Schauspielerin	Актриса
Spass	Веселье
Theater	Театр
Witze	Шутки

Kräuterkunde
Тимбализм

Aromatisch	Ароматический
Basilikum	Базилик
Blume	Цветок
Dill	Укроп
Estragon	Эстрагон
Fenchel	Фенхель
Garten	Сад
Geschmack	Вкус
Grün	Зеленый
Knoblauch	Чеснок
Kulinarisch	Кулинарный
Lavendel	Лаванда
Majoran	Майоран
Petersilie	Петрушка
Qualität	Качество
Rosmarin	Розмарин
Safran	Шафран
Thymian	Тимьян
Vorteilhaft	Выгодный
Zutat	Ингредиент

Kunst
Искусство

Ausdruck	Выражение
Ehrlich	Честный
Einfach	Простой
Gegenstand	Тема
Inspiriert	Вдохновленный
Keramik	Керамический
Komplex	Сложный
Original	Оригинал
Poesie	Поэзия
Porträtieren	Изображать
Skulptur	Скульптура
Stimmung	Настроение
Surrealismus	Сюрреализм
Symbol	Символ
Visuell	Визуальный
Zusammensetzung	Состав

Kunst Liefert
Художественные Принадлежности

Acryl	Акриловый
Bleistifte	Карандаши
Bürsten	Щетки
Farben	Цвета
Holzkohle	Уголь
Ideen	Идеи
Kamera	Камера
Kreativität	Креативность
Leim	Клей
Öl	Масло
Papier	Бумага
Radiergummi	Ластик
Staffelei	Мольберт
Stuhl	Стул
Tabelle	Стол
Tinte	Чернила
Ton	Глина
Wasser	Вода

Küche
Кухня

Essen	Еда
Gabeln	Вилки
Gefrierschrank	Морозилка
Gewürze	Специи
Grill	Гриль
Kelle	Ковш
Krug	Кувшин
Kühlschrank	Холодильник
Löffel	Ложки
Messer	Ножи
Ofen	Печь
Rezept	Рецепт
Schürze	Фартук
Schüssel	Чаша
Schwamm	Губка
Serviette	Салфетка
Tassen	Чашки
Wasserkocher	Чайник

Landschaften
Пейзажи

Berg	Гора
Eisberg	Айсберг
Fluss	Река
Geysir	Гейзер
Gletscher	Ледник
Golf	Залив
Halbinsel	Полуостров
Höhle	Пещера
Hügel	Холм
Insel	Остров
Meer	Море
Oase	Оазис
See	Озеро
Strand	Пляж
Sumpf	Болото
Tal	Долина
Tundra	Тундра
Vulkan	Вулкан
Wasserfall	Водопад
Wüste	Пустыня

Länder #2
Страны #2

Albanien	Албания
Äthiopien	Эфиопия
Frankreich	Франция
Griechenland	Греция
Haiti	Гаити
Irland	Ирландия
Jamaika	Ямайка
Japan	Япония
Kenia	Кения
Laos	Лаос
Liberia	Либерия
Mexiko	Мексика
Nepal	Непал
Nigeria	Нигерия
Pakistan	Пакистан
Russland	Россия
Sudan	Судан
Syrien	Сирия
Uganda	Уганда
Ukraine	Украина

Literatur
Литература

Analogie	Аналогия
Analyse	Анализ
Anekdote	Анекдот
Autor	Автор
Beschreibung	Описание
Biographie	Биография
Dialog	Диалог
Erzähler	Рассказчик
Gedicht	Стих
Genre	Жанр
Metapher	Метафора
Poetisch	Поэтика
Reim	Рифма
Rhythmus	Ритм
Roman	Роман
Schlussfolgerung	Заключение
Stil	Стиль
Thema	Тема
Tragödie	Трагедия
Vergleich	Сравнение

Mathematik
Математика

Arithmetik	Арифметика
Bruchteil	Фракция
Dezimal	Десятичный
Dreieck	Треугольник
Durchmesser	Диаметр
Exponent	Экспонент
Geometrie	Геометрия
Gleichung	Уравнение
Kugel	Сфера
Parallel	Параллель
Polygon	Полигон
Quadrat	Площадь
Radius	Радиус
Rechteck	Прямоугольник
Senkrecht	Перпендикуляр
Summe	Сумма
Symmetrie	Симметрия
Umfang	Периметр
Volumen	Объем
Winkel	Углы

Meditation
Медитация

Annahme	Принятие
Atmung	Дыхание
Aufmerksamkeit	Внимание
Bewegung	Движение
Dankbarkeit	Благодарность
Freundlichkeit	Доброта
Frieden	Мир
Gedanken	Мысли
Geistig	Умственный
Glück	Счастье
Klarheit	Ясность
Lehre	Учения
Mitgefühl	Сострадание
Musik	Музыка
Natur	Природа
Perspektive	Перспектива
Ruhig	Спокойный
Stille	Тишина
Verstand	Ум
Wach	Бодрствующий

Meisterschaft
Чемпионат

Atmen	Дышать
Ausdauer	Выносливость
Champion	Чемпион
Finalist	Финалист
Liga	Лига
Mannschaft	Команда
Medaille	Медаль
Meisterschaft	Чемпионат
Motivation	Мотивация
Performance	Представление
Richter	Судья
Sieg	Победа
Spiele	Игры
Sport	Спортивный
Strategie	Стратегия
Trainer	Тренер
Turnier	Турнир

Menschlicher Körper
Тело Человека

Bein	Нога
Blut	Кровь
Ellbogen	Локоть
Finger	Палец
Gehirn	Мозг
Gesicht	Лицо
Hals	Шея
Hand	Рука
Haut	Кожа
Herz	Сердце
Kiefer	Челюсть
Kinn	Подбородок
Knie	Колено
Knöchel	Лодыжка
Kopf	Голова
Mund	Рот
Nase	Нос
Ohr	Ухо
Schulter	Плечо
Zunge	Язык

Messungen
Измерения

Breite	Ширина
Byte	Байт
Dezimal	Десятичный
Gewicht	Вес
Grad	Степень
Gramm	Грамм
Höhe	Высота
Kilogramm	Килограмм
Kilometer	Километр
Länge	Длина
Liter	Литр
Masse	Масса
Meter	Метр
Minute	Минута
Tiefe	Глубина
Tonne	Тонна
Unze	Унция
Volumen	Объем
Zentimeter	Сантиметр
Zoll	Дюйм

Musikinstrumente
Музыкальные Инструменты

Banjo	Банджо
Cello	Виолончель
Fagott	Фагот
Flöte	Флейта
Geige	Скрипка
Gitarre	Гитара
Gong	Гонг
Harfe	Арфа
Klarinette	Кларнет
Klavier	Пианино
Mandoline	Мандолина
Marimba	Маримба
Mundharmonika	Гармоника
Oboe	Гобой
Posaune	Тромбон
Saxophon	Саксофон
Schlagzeug	Перкуссия
Tamburin	Бубен
Trommel	Барабан
Trompete	Труба

Mythologie
Мифология

Archetyp	Архетип
Blitz	Молния
Donner	Гром
Eifersucht	Ревность
Held	Герои
Himmel	Небеса
Katastrophe	Катастрофа
Kreation	Создание
Kreatur	Существо
Krieger	Воин
Kultur	Культура
Labyrinth	Лабиринт
Legende	Легенда
Magisch	Волшебный
Monster	Монстр
Rache	Месть
Stärke	Сила
Sterblich	Смертный
Unsterblichkeit	Бессмертие
Verhalten	Поведение

Natur
Природа

Arktis	Арктический
Berge	Горы
Bienen	Пчелы
Dynamisch	Динамический
Erosion	Эрозия
Fluss	Река
Friedlich	Мирный
Gletscher	Ледник
Heiligtum	Святилище
Heiter	Безмятежный
Laub	Листва
Nebel	Туман
Schönheit	Красота
Schutz	Укрытие
Tiere	Животные
Tropisch	Тропический
Wald	Лес
Wild	Дикий
Wolken	Облака
Wüste	Пустыня

Obst
Фрукты

Ananas	Ананас
Apfel	Яблоко
Aprikose	Абрикос
Avocado	Авокадо
Banane	Банан
Beere	Ягода
Birne	Груша
Brombeere	Ежевика
Himbeere	Малина
Kirsche	Вишня
Kiwi	Киви
Kokosnuss	Кокос
Melone	Дыня
Nektarine	Нектарин
Orange	Оранжевый
Papaya	Папайя
Pfirsich	Персик
Pflaume	Слива
Traube	Виноград
Zitrone	Лимон

Ozean
Океан

Aal	Угорь
Auster	Устрица
Boot	Лодка
Delfin	Дельфин
Fisch	Рыба
Garnele	Креветка
Gezeiten	Приливы
Hai	Акула
Koralle	Коралл
Krabbe	Краб
Krake	Осьминог
Qualle	Медуза
Riff	Риф
Salz	Соль
Schildkröte	Черепаха
Schwamm	Губка
Sturm	Буря
Thunfisch	Тунец
Wal	Кит
Wellen	Волны

Ökologie
Экология

Art	Вид
Berge	Горы
Dürre	Засуха
Fauna	Фауна
Flora	Флора
Freiwillige	Волонтеры
Gemeinschaft	Сообщества
Global	Глобальный
Klima	Климат
Marine	Морской
Natur	Природа
Natürlich	Естественный
Pflanzen	Растения
Ressourcen	Ресурсы
Sumpf	Болото
Überleben	Выживание
Vielfalt	Разнообразие

Pflanzen
Растения

Bambus	Бамбук
Baum	Дерево
Beere	Ягода
Blatt	Лист
Blume	Цветок
Blütenblatt	Лепесток
Bohne	Боб
Botanik	Ботаника
Busch	Куст
Dünger	Удобрение
Efeu	Плющ
Flora	Флора
Garten	Сад
Gras	Трава
Kaktus	Кактус
Laub	Листва
Moos	Мох
Sonne	Солнце
Wald	Лес
Wurzel	Корень

Piraten
Пираты

Abenteuer	Приключение
Anker	Якорь
Crew	Экипаж
Flagge	Флаг
Gefahr	Опасность
Gold	Золото
Höhle	Пещера
Insel	Остров
Kapitän	Капитан
Karte	Карта
Kompass	Компас
Legende	Легенда
Münzen	Монеты
Narbe	Шрам
Papagei	Попугай
Rum	Ром
Schatz	Сокровище
Schlecht	Плохой
Schwert	Меч
Strand	Пляж

Regenwald
Тропический Лес

Amphibien	Амфибии
Art	Вид
Botanisch	Ботанический
Dschungel	Джунгли
Gemeinschaft	Сообщество
Insekten	Насекомые
Klima	Климат
Moos	Мох
Natur	Природа
Respekt	Уважение
Säugetiere	Млекопитающие
Überleben	Выживание
Vielfalt	Разнообразие
Vögel	Птицы
Wertvoll	Ценный
Wolken	Облака
Zuflucht	Убежище

Restaurant #1
Ресторан #1

Allergie	Аллергия
Brot	Хлеб
Dessert	Десерт
Essen	Еда
Fleisch	Мясо
Huhn	Курица
Kaffee	Кофе
Kassierer	Кассир
Kellnerin	Официантка
Küche	Кухня
Menü	Меню
Messer	Нож
Reservierung	Бронирование
Schüssel	Чаша
Serviette	Салфетка
Sosse	Соус
Würzig	Пряный

Restaurant #2
Ресторан #2

Abendessen	Обед
Eier	Яйца
Eis	Лед
Fisch	Рыба
Frucht	Фрукт
Gabel	Вилка
Gemüse	Овощи
Getränk	Напиток
Gewürze	Специи
Kellner	Официант
Köstlich	Вкусный
Kuchen	Торт
Löffel	Ложка
Nudeln	Лапша
Salat	Салат
Salz	Соль
Stuhl	Стул
Suppe	Суп
Vorspeise	Закуска
Wasser	Вода

Säugetiere
Млекопитающие

Affe	Обезьяна
Bär	Медведь
Biber	Бобр
Elefant	Слон
Fuchs	Лиса
Giraffe	Жираф
Gorilla	Горилла
Hund	Собака
Känguru	Кенгуру
Kojote	Койот
Löwe	Лев
Panther	Пантера
Pferd	Лошадь
Ratte	Крыса
Schaf	Овца
Stier	Бык
Tiger	Тигр
Wal	Кит
Wolf	Волк
Zebra	Зебра

Schach
Шахматы

Champion	Чемпион
Diagonal	Диагональ
Gegner	Оппонент
Klug	Умный
König	Король
Königin	Королева
Opfer	Жертва
Passiv	Пассивный
Punkte	Точки
Regeln	Правила
Schwarz	Черный
Spiel	Игра
Spieler	Игрок
Strategie	Стратегия
Turnier	Турнир
Weiss	Белый
Wettbewerb	Конкурс
Zeit	Время

Schlösser
Замки

Drache	Дракон
Dynastie	Династия
Edel	Благородный
Einhorn	Единорог
Festung	Крепость
Feudal	Феодальный
Katapult	Катапульта
Königreich	Королевство
Krone	Корона
Palast	Дворец
Pferd	Лошадь
Prinz	Принц
Prinzessin	Принцесса
Reich	Империя
Ritter	Рыцарь
Rüstung	Броня
Schild	Щит
Schwert	Меч
Turm	Башня
Wand	Стена

Schokolade
Шоколад

Antioxidans	Антиоксидант
Aroma	Аромат
Bitter	Горький
Erdnüsse	Арахис
Exotisch	Экзотический
Favorit	Любимый
Geschmack	Вкус
Kakao	Какао
Kalorien	Калории
Karamell	Карамель
Kokosnuss	Кокос
Köstlich	Вкусный
Pulver	Порошок
Qualität	Качество
Rezept	Рецепт
Süss	Сладкий
Zucker	Сахар
Zutat	Ингредиент

Schule #1
Школа #1

Alphabet	Алфавит
Antworten	Ответы
Bibliothek	Библиотека
Bleistift	Карандаш
Bücher	Книги
Freunde	Друзья
Lehrer	Учитель
Lesen	Читать
Mathematik	Математика
Mittagessen	Обед
Ordner	Папки
Papier	Бумага
Prüfungen	Экзамены
Quiz	Викторина
Schreibtisch	Стол
Spass	Веселье
Stifte	Ручки
Stuhl	Стул
Zahlen	Числа

Schule #2
Школа #2

Bibliothek	Библиотека
Bildung	Образование
Bleistift	Карандаш
Bus	Автобус
Bücher	Книги
Computer	Компьютер
Grammatik	Грамматика
Kalender	Календарь
Lehrer	Учитель
Lernen	Обучение
Lesen	Чтение
Literatur	Литература
Papier	Бумага
Radiergummi	Ластик
Rucksack	Рюкзак
Schere	Ножницы
Stifte	Ручки
Wissenschaft	Наука
Wochenende	Выходные
Wörterbuch	Словарь

Science Fiction
Научная Фантастика

Atomic	Атомный
Bücher	Книги
Dystopie	Антиутопия
Explosion	Взрыв
Extrem	Экстремальный
Feuer	Огонь
Galaxie	Галактика
Geheimnisvoll	Таинственный
Illusion	Иллюзия
Imaginär	Воображаемый
Kino	Кино
Orakel	Оракул
Planet	Планета
Realistisch	Реалистичный
Roboter	Роботы
Romane	Романы
Szenario	Сценарий
Technologie	Технология
Utopie	Утопия
Welt	Мир

Sommer
Лето

Bücher	Книги
Camping	Кемпинг
Entspannung	Релаксация
Erinnerungen	Воспоминания
Essen	Еда
Familie	Семья
Freizeit	Досуг
Freude	Радость
Freunde	Друзья
Garten	Сад
Meer	Море
Musik	Музыка
Sandalen	Сандалии
Schwimmen	Плавать
Spiele	Игры
Sterne	Звезды
Strand	Пляж
Tauchen	Ныряние
Urlaub	Отпуск

Spielzeuge
Игрушки

Auto	Автомобиль
Ball	Мяч
Boot	Лодка
Bücher	Книги
Fahrrad	Велосипед
Favorit	Любимый
Flugzeug	Самолет
Kunsthandwerk	Ремесла
Lkw	Грузовик
Phantasie	Воображение
Puppe	Кукла
Puzzle	Головоломка
Roboter	Робот
Schach	Шахматы
Schlagzeug	Барабаны
Spiele	Игры
Ton	Глина
Zug	Поезд

Sport
Виды Спорта

Athlet	Спортсмен
Baseball	Бейсбол
Basketball	Баскетбол
Bewegung	Движение
Eishockey	Хоккей
Fahrrad	Велосипед
Gewinner	Победитель
Golf	Гольф
Gymnasium	Гимназия
Gymnastik	Гимнастика
Mannschaft	Команда
Meisterschaft	Чемпионат
Schiedsrichter	Судья
Schwimmen	Плавать
Spiel	Игра
Spieler	Игрок
Stadion	Стадион
Tennis	Теннис
Trainer	Тренер

Stadt
Город

Apotheke	Аптека
Bank	Банк
Bäckerei	Пекарня
Bibliothek	Библиотека
Blumenhändler	Флорист
Flughafen	Аэропорт
Galerie	Галерея
Hotel	Отель
Kino	Кино
Klinik	Клиника
Markt	Рынок
Museum	Музей
Restaurant	Ресторан
Salon	Салон
Schule	Школа
Stadion	Стадион
Supermarkt	Супермаркет
Theater	Театр
Universität	Университет
Zoo	Зоопарк

Strand
Пляж

Blau	Синий
Boot	Лодка
Dock	Док
Handtuch	Полотенце
Insel	Остров
Krabbe	Краб
Küste	Побережье
Lagune	Лагуна
Meer	Море
Ozean	Океан
Regenschirm	Зонтик
Riff	Риф
Sand	Песок
Sandalen	Сандалии
Schwimmen	Плавать
Sonne	Солнце
Urlaub	Отпуск

Surfen
Серфинг

Anfänger	Начинающий
Athlet	Спортсмен
Beliebt	Популярный
Champion	Чемпион
Extrem	Экстремальный
Geschwindigkeit	Скорость
Magen	Желудок
Mengen	Толпы
Ozean	Океан
Paddel	Весло
Riff	Риф
Schaum	Пена
Schwimmen	Плавать
Spass	Веселье
Stärke	Сила
Stil	Стиль
Strand	Пляж
Welle	Волна
Wetter	Погода

Tage und Monate
Дни и Месяцы

August	Август
Dezember	Декабрь
Dienstag	Вторник
Donnerstag	Четверг
Februar	Февраль
Freitag	Пятница
Jahr	Год
Januar	Январь
Juli	Июль
Juni	Июнь
Kalender	Календарь
Mittwoch	Среда
Monat	Месяц
Montag	Понедельник
November	Ноябрь
Oktober	Октябрь
Samstag	Суббота
September	Сентябрь
Sonntag	Воскресенье
Woche	Неделя

Tanzen
Танец

Akademie	Академия
Anmut	Грация
Ausdrucksvoll	Выразительный
Bewegung	Движение
Choreographie	Хореография
Emotion	Эмоция
Freudig	Радостный
Haltung	Поза
Klassisch	Классический
Körper	Тело
Kultur	Культура
Kulturell	Культурный
Kunst	Искусство
Musik	Музыка
Partner	Партнер
Probe	Репетиция
Rhythmus	Ритм
Traditionell	Традиционный
Visuell	Визуальный

Technologie
Технология

Bildschirm	Экран
Blog	Блог
Browser	Браузера
Bytes	Байтов
Computer	Компьютер
Cursor	Курсор
Datei	Файл
Daten	Данные
Digital	Цифровой
Forschung	Исследование
Internet	Интернет
Kamera	Камера
Nachricht	Сообщение
Schriftart	Шрифт
Sicherheit	Безопасность
Statistik	Статистика
Virtuell	Виртуальный
Virus	Вирус

Tools
Инструменты

Axt	Топор
Fackel	Факел
Hammer	Молоток
Hefter	Степлер
Kabel	Кабель
Leim	Клей
Leiter	Лестница
Lineal	Правитель
Messer	Нож
Rad	Колесо
Rasierer	Бритва
Schaufel	Лопата
Schere	Ножницы
Schraube	Винт
Seil	Веревка
Zange	Плоскогубцы

Tugenden #1
Добродетели #1

Bescheiden	Скромный
Effizient	Эффективный
Entscheidend	Решительный
Geduldig	Пациент
Grosszügig	Щедрый
Gut	Хороший
Hilfreich	Полезный
Intelligent	Умный
Komisch	Смешной
Leidenschaftlich	Страстный
Neugierig	Любопытный
Praktisch	Практический
Sauber	Чистый
Unabhängig	Независимый
Weise	Мудрый
Zuverlässig	Надежный
Zuversichtlich	Уверенный

Urlaub #1
Отпуск #1

Auto	Автомобиль
Entspannung	Релаксация
Expedition	Экспедиция
Fahrkarte	Билет
Flugzeug	Самолет
Koffer	Чемодан
Museum	Музей
Regenschirm	Зонтик
Route	Маршрут
Rucksack	Рюкзак
Schwimmen	Плавать
See	Озеро
Strassenbahn	Трамвай
Tourist	Турист
Währung	Валюта
Zoll	Таможня

Urlaub #2
Отпуск #2

Ausländer	Иностранец
Ausländisch	Иностранный
Berge	Горы
Camping	Кемпинг
Flughafen	Аэропорт
Freizeit	Досуг
Hotel	Отель
Insel	Остров
Karte	Карта
Meer	Море
Pass	Паспорт
Reise	Путешествие
Restaurant	Ресторан
Strand	Пляж
Taxi	Такси
Transport	Транспорт
Urlaub	Праздник
Visum	Виза
Zelt	Палатка
Zug	Поезд

Vögel
Птицы

Adler	Орел
Ei	Яйцо
Ente	Утка
Eule	Сова
Flamingo	Фламинго
Gans	Гусь
Huhn	Курица
Krähe	Ворона
Kuckuck	Кукушка
Möwe	Чайка
Papagei	Попугай
Pelikan	Пеликан
Pfau	Павлин
Pinguin	Пингвин
Rabe	Ворон
Reiher	Цапля
Schwan	Лебедь
Spatz	Воробей
Storch	Аист
Taube	Голубь

Wandern
Пеший Туризм

Berg	Гора
Camping	Кемпинг
Gefahren	Опасности
Gipfel	Саммит
Karte	Карта
Klima	Климат
Klippe	Утес
Müde	Усталый
Natur	Природа
Orientierung	Ориентация
Parks	Парки
Schwer	Тяжелый
Sonne	Солнце
Steine	Камни
Stiefel	Ботинки
Tiere	Животные
Vorbereitung	Подготовка
Wasser	Вода
Wetter	Погода
Wild	Дикий

Wasser
Вода

Bewässerung	Орошение
Dampf	Пар
Dusche	Душ
Eis	Лед
Feuchtigkeit	Влажность
Fluss	Река
Flut	Наводнение
Frost	Мороз
Geysir	Гейзер
Hurrikan	Ураган
Kanal	Канал
Monsun	Муссон
Ozean	Океан
Regen	Дождь
Schnee	Снег
See	Озеро
Trinkbar	Питьевой
Verdunstung	Испарение
Wellen	Волны

Wetter
Погода

Atmosphäre	Атмосфера
Blitz	Молния
Brise	Бриз
Donner	Гром
Dürre	Засуха
Eis	Лед
Himmel	Небо
Hurrikan	Ураган
Klima	Климат
Monsun	Муссон
Nebel	Туман
Polar	Полярный
Regenbogen	Радуга
Sturm	Буря
Temperatur	Температура
Tornado	Торнадо
Trocken	Сухой
Tropisch	Тропический
Wind	Ветер
Wolke	Облако

Wissenschaft
Наука

Atom	Атом
Chemisch	Химические
Daten	Данные
Evolution	Эволюция
Experiment	Эксперимент
Fossil	Ископаемое
Hypothese	Гипотеза
Klima	Климат
Labor	Лаборатория
Methode	Метод
Mineralien	Минералы
Moleküle	Молекулы
Natur	Природа
Organismus	Организм
Partikel	Частицы
Pflanzen	Растения
Physik	Физика
Schwerkraft	Гравитация
Tatsache	Факт
Wissenschaftler	Ученый

Wissenschaftliche Disziplinen
Научные Дисциплины

Anatomie	Анатомия
Archäologie	Археология
Astronomie	Астрономия
Biochemie	Биохимия
Biologie	Биология
Botanik	Ботаника
Chemie	Химия
Geologie	Геология
Immunologie	Иммунология
Kinesiologie	Кинезиология
Linguistik	Лингвистика
Mechanik	Механика
Mineralogie	Минералогия
Neurologie	Неврология
Ökologie	Экология
Physiologie	Физиология
Psychologie	Психология
Soziologie	Социология
Thermodynamik	Термодинамика
Zoologie	Зоология

Zahlen
Цифры

Acht	Восемь
Achtzehn	Восемнадцать
Dezimal	Десятичный
Drei	Три
Dreizehn	Тринадцать
Fünf	Пять
Fünfzehn	Пятнадцать
Neun	Девять
Neunzehn	Девятнадцать
Null	Нуль
Sechs	Шесть
Sechzehn	Шестнадцать
Sieben	Семь
Siebzehn	Семнадцать
Vier	Четыре
Vierzehn	Четырнадцать
Zehn	Десять
Zwanzig	Двадцать
Zwei	Два
Zwölf	Двенадцать

Zeit
Время

Gestern	Вчера
Heute	Сегодня
Jahr	Год
Jahrhundert	Век
Jahrzehnt	Десятилетие
Jährlich	Ежегодный
Jetzt	Сейчас
Kalender	Календарь
Minute	Минута
Mittag	Полдень
Monat	Месяц
Morgen	Утро
Nach	После
Nacht	Ночь
Stunde	Час
Tag	День
Uhr	Часы
Vor	До
Woche	Неделя
Zukunft	Будущее

Zirkus
Цирк

Affe	Обезьяна
Akrobat	Акробат
Clown	Клоун
Elefant	Слон
Fahrkarte	Билет
Jongleur	Жонглер
Kostüm	Костюм
Löwe	Лев
Magie	Магия
Musik	Музыка
Parade	Парад
Tiere	Животные
Tiger	Тигр
Trick	Обманывать
Unterhalten	Развлекать
Zauberer	Маг
Zeigen	Показать
Zelt	Палатка
Zuschauer	Зритель

Zu Füllen
Заполнить

Becken	Бассейн
Box	Коробка
Eimer	Ведро
Fass	Бочка
Flasche	Бутылка
Karton	Картон
Koffer	Чемодан
Korb	Корзина
Krug	Банка
Mappe	Папка
Paket	Пакет
Rohr	Трубка
Schiff	Судно
Tablett	Лоток
Tasche	Карман
Umschlag	Конверт
Vase	Ваза

Gratuliere

Sie haben es geschafft !!

Wir hoffen, dass euch dieses Buch genauso viel Spaß gemacht hat wie uns dessen Herstellung. Wir tun unser Bestes, um qualitativ hochwertige Spiele zu erfinden. Diese Rätsel sind auf eine clevere Art und Weise entworfen, damit sie aktiv lernen und daran Vergnügen finden.

Hat ihnen das Buch gefallen ?

Eine einfache Bitte

Unsere Bücher existieren dank der Rezensionen, die sie veröffentlichen. Können sie uns helfen indem sie jetzt eine Meinung hinterlassen ?

Hier ist ein kurzer Link, der Sie zu ihrer Bewertungsseite führt

 BestBooksActivity.com/Rezension50

MONSTER HERAUSFÖRDERUNGEN !

Herausförderung 1

Bereit für ihr Bonusspiel? Wir verwenden sie ständig, aber sie sind nicht einfach zu finden. Es sind die Synonyme !

Notieren sie 5 Wörter, die sie in den untenstehenden Rätseln (Nummer 21, 36 und 76) entdeckt haben und versuchen sie für jedes Wort 2 Synonyme zu finden .

Notieren sie 5 Wörter aus Rätsel 21

Wörter	Synonym 1	Synonym 2

Notieren sie 5 Wörter aus Rätsel 36

Wörter	Synonym 1	Synonym 2

Notieren sie 5 Wörter aus Rätsel 76

Wörter	Synonym 1	Synonym 2

Herausförderung 2

Jetzt, wo sie warm sind, notieren sie 5 Wörter, die sie in jedem der untenaufgeführten Rätseln entdeckt haben (Nummer 9, 17 und 25) und versuchen sie für jedes Wort 2 Antonyme zu finden. Wie viele davon können sie binnen 20 Minuten finden ?

Notieren sie 5 Wörter aus **Rätsel 9**

Wörter	Antonym 1	Antonym 2

Notieren sie 5 Wörter aus **Rätsel 17**

Wörter	Antonym 1	Antonym 2

Notieren sie 5 Wörter aus **Rätsel 25**

Wörter	Antonym 1	Antonym 2

Herausförderung 3

Wunderbar, diese Monster Herausförderung 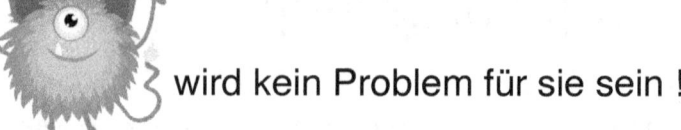 wird kein Problem für sie sein !

Bereit für die letzte Herausförderung? Wählen sie ihre 10 Lieblingswörter aus, die sie in einem Rätsel entdeckt haben und notieren sie sie unten.

1.	6.
2.	7.
3.	8.
4.	9.
5.	10.

Die Aufgabe besteht nun darin mit diesen Wörtern und in maximal sechs Sätzen einen Text herzustellen über eine Person, ein Tier oder ein Ort den sie lieben !

Tipp : sie können die letzten leeren Seiten dieses Buches als Entwurf verwenden

Ihr Schreiben :

_____

_____

_____

_____

_____

_____

_____

NOTIZBUCH :

AUF BALDIGES WIEDERSEHEN !

Linguas Classics

KOSTENLOSE SPIELE GENIESSEN

GO

↓

BESTACTIVITYBOOKS.COM/FREEGAMES

www.ingramcontent.com/pod-product-compliance
Lightning Source LLC
Chambersburg PA
CBHW081714120626
46550CB00010B/3127